职业教育国际邮轮乘务管理专业
国家级教学资源库系列配套教材

邮轮酒吧服务与管理

王 勇 主编

化学工业出版社

·北京·

内容简介

本书是职业教育国际邮轮乘务管理专业国家级教学资源库核心课程《邮轮酒吧服务与管理》配套教材。本书注重服务与管理技能训练，采用项目任务引领教学，主要内容包括走进邮轮看酒吧、做一名邮轮基层酒吧员、成为一名邮轮酒吧服务员、升职为一名邮轮调酒师和转型为邮轮酒吧管理人员等，按照国际邮轮酒吧员工的成长过程和"岗课赛证、综合育人"的人才培养模式，循序渐进地介绍相应岗位的工作任务和活动。书中配有二维码，用图片、微课视频和表格的形式详细展示操作要领、调制过程、服务程序和管理标准，充分体现教材的实用性、趣味性和可操作性。本书可供高等职业教育邮轮服务与管理专业学生使用，也可作为国际邮轮酒吧服务与管理人员的参考用书。

图书在版编目（CIP）数据

邮轮酒吧服务与管理 / 王勇主编 .—北京：化学工业出版社，2023.11
　ISBN 978-7-122-44101-0

Ⅰ.①邮⋯ Ⅱ.①王⋯ Ⅲ.①旅游船 - 酒吧 - 商业服务 - 高等职业教育 - 教材 Ⅳ.①F590.7②F719.3

中国国家版本馆CIP数据核字（2023）第167099号

责任编辑：王　可　　　　　　　　　　　　文字编辑：陈立媛　陈小滔
责任校对：李　爽　　　　　　　　　　　　装帧设计：张　辉

出版发行：化学工业出版社（北京市东城区青年湖南街13号　邮政编码100011）
印　　装：河北鑫兆源印刷有限公司
787mm×1092mm　1/16　印张15¼　字数396千字　2024年7月北京第1版第1次印刷

购书咨询：010-64518888　　　　　　　　　售后服务：010-64518899
网　　址：http://www.cip.com.cn
凡购买本书，如有缺损质量问题，本社销售中心负责调换。

定　　价：48.00元　　　　　　　　　　　　　　　　　　版权所有　违者必究

编写人员名单

主　　编：王　勇

副 主 编：崔永聪　王炎超　林　佳

编写人员：（排名不分先后）

　　　　　王　勇　武汉软件工程职业学院

　　　　　崔永聪　青岛酒店管理职业学院

　　　　　王炎超　武汉市第一商业学校

　　　　　林　佳　青岛酒店管理职业学院

　　　　　洪　润　武汉联投丽笙酒店

　　　　　于炳华　诺唯真国际邮轮集团

　　　　　陈　嘉　武汉软件工程职业学院

　　　　　聂俊杰　武汉调酒师协会

主　　审：鄢向荣　武汉交通职业学院

　　　　　程丛喜　武汉轻工大学

前言

邮轮被喻为"漂在海上的五星级豪华酒店"。近年来，随着人们生活水平的提高和消费需求升级，邮轮旅游需求规模迅速扩大，邮轮产业得到快速发展。当前，中国作为新兴的邮轮市场，中国海乘人员占比不断加大，海乘人员对邮轮酒吧产品认识不足，面对来自不同国家、地区，不同民族的游客时，难以满足实际工作需求。如何为国际游客提供更优质、更具针对性、更个性化的酒吧产品和服务，对海乘人员的服务知识与管理技能提出了更高的要求。本书具有以下特色：

1. 校行企三元开发

本书由武汉软件工程职业学院、青岛酒店管理职业学院、武汉联投丽笙酒店、诺唯真国际邮轮集团、武汉调酒师协会、武汉市第一商业学校共同组织编写，内容紧跟国际邮轮酒吧服务与管理主流生产技术，并注重吸收酒店和调酒行业发展的新知识、新技术、新工艺、新方法。

2. 以工作任务引领教学

全书采用项目化方式，以邮轮酒吧服务与管理工作任务为载体，由任务入手引入相关基础知识，通过实训引出相关标准、流程与技巧，体现做中学、学中做的教学思想。

3. 岗课赛证融通

以国际邮轮酒吧服务与管理工作岗位职业能力为主线，开发基于工作过程的项目化课程。课程内容与《世界技能大赛餐厅服务赛项鸡尾酒调制与服务标准》《全国职业院校技能大赛酒水服务赛项标准》对接，将国际邮轮调酒师服务操作证书认证内容，与课程目标、内容、资源、考核深度融合。

4. 思政文化教育融合

酒水的故事和文化贯穿教学始终，与酒吧服务与管理训练有机融合；在任务实施中将以服务意识、标准意识、质量意识、创新意识为内容的调酒工匠精神贯穿始终。

本书由王勇担任主编，崔永聪、王炎超、林佳担任副主编，洪润、于炳华、陈嘉、聂俊杰参与编写。具体编写分工如下：项目一由崔永聪、林佳编写，项目二由王勇、陈嘉编写，项目三由王勇、聂俊杰编写，项目四由王勇、洪润编写，项目五由王炎超、于炳华编写。全书由王勇统稿，鄢向荣、程丛喜主审。

本书在编写过程中，参考了国内外的相关著作，并得到了众多专家和单位的支持与帮助，在此衷心感谢。

由于编者水平有限，加之行业发展速度快、知识更新迅速等原因，疏漏在所难免，欢迎广大读者批评指正。

编　者
2024 年 2 月

目录

项目一　一路风景美，使人渐陶醉——走进邮轮看酒吧　　**001**
　　任务1　为游客介绍邮轮酒吧　　001
　　任务2　邮轮酒吧酒水套餐销售　　009

项目二　初来乍到——做一名邮轮基层酒吧员　　**018**
　　任务1　学会使用基础调酒工具　　018
　　任务2　基本调酒技巧训练　　029
　　任务3　掌握制作鲜榨果汁的两种常用方法　　041
　　任务4　清洗、擦拭邮轮酒吧常用载杯　　047
　　任务5　制作邮轮酒吧基础装饰物　　052
　　任务6　为小朋友调制与服务一杯雪莉登波　　064
　　任务7　矿泉水服务　　070

项目三　走进酒吧去服务——成为一名邮轮酒吧服务员　　**078**
　　任务1　啤酒服务　　079
　　任务2　葡萄酒服务　　086
　　任务3　白兰地服务　　102
　　任务4　威士忌服务　　110
　　任务5　金酒服务　　120
　　任务6　伏特加服务　　128
　　任务7　朗姆酒服务　　136
　　任务8　特基拉服务　　142
　　任务9　开胃酒服务　　150
　　任务10　利口酒服务　　158

项目四　努力终有收获——升职为一名邮轮调酒师　　**166**
　　任务1　长岛冰茶的调制与服务　　167
　　任务2　古典鸡尾酒调制与服务　　173

任务3	尼克罗尼鸡尾酒调制与服务	176
任务4	大都会鸡尾酒调制与服务	180
任务5	霜冻莫吉托调制与服务	183
任务6	玛格丽特加冰调制与服务	187
任务7	柠檬糖马天尼调制与服务	191

项目五　我已爱上邮轮生活——转型为邮轮酒吧管理人员　　195

任务1	酒吧现场管理初战——成为一名酒吧领班	196
任务2	酒吧管理晋级——成为一名酒吧主管	207
任务3	酒吧管理再晋级——成为一名酒水部副经理	216
任务4	我的梦想在这里——我要成为酒水部经理	224

附录　部分鸡尾酒邮轮酒谱　　234

参考文献　　236

项目一 一路风景美，使人渐陶醉
——走进邮轮看酒吧

项目概述

本项目从为游客介绍邮轮酒吧入手，初步讲解酒吧定义和邮轮酒吧设置；然后通过酒水套餐销售服务，介绍酒单的作用和类型；最后揭秘酒吧酒单酒水的简易分类。

项目目标

▶ 知识目标

1. 能解释邮轮酒吧、酒单概念。
2. 能分析邮轮酒吧设置及特色。
3. 能说出邮轮酒水套餐的销售流程和服务标准。
4. 能讲解酒吧酒单酒水简易分类。
5. 能描述邮轮酒吧酒单主要酒品类别。

▶ 能力目标

1. 能为邮轮客人介绍邮轮酒吧。
2. 能为邮轮客人提供酒水套餐销售服务。

▶ 素质目标

1. 培养学生规范服务的标准意识和热情友好、宾客至上的工作态度。
2. 具备爱岗敬业、诚实守信、遵纪守法、廉洁奉公的职业道德。

任务1 为游客介绍邮轮酒吧

学习目标

1. 掌握为游客介绍邮轮酒吧的流程。
2. 了解邮轮各个酒吧的特色。
3. 知道邮轮酒吧的概念。
4. 熟悉邮轮酒吧的设置。

任务导入

2000年我大学毕业以后，一个偶然的机会，看到一位调酒师在酒吧里调酒，感觉非常时尚，深深被调酒师那潇洒、神奇的手法所吸引。怀着强烈的好奇心，闲暇之余，我自愿给调酒师"打下手"，没想到逐渐爱上了这一行。2007年，我应聘上了皇家加勒比国际游轮基层酒吧员，带着对未来的憧憬和对调酒事业的热爱，我踏上了国际邮轮。

M1-1　我是一名中国调酒师

知识学习

一、邮轮酒吧的定义

邮轮酒吧是专门为游客提供酒水和饮用服务的场所。

二、邮轮酒吧的设置

邮轮酒吧的设置通常由邮轮吨位大小和营业的需要决定，随着航线的变化可以随时调整。

（一）机器人酒吧

机器人酒吧（图1-1）给豪华邮轮增添了一丝独特的科技感，在这里不仅可以选择酒的品种，还可以输入年龄由机器来推荐合适的饮品，甚至可以自主选择想喝的饮品，可视化操作，非常方便。下单后，机器人调酒师罗伯便会开始工作，发挥他独有的技能来精心调制一杯鸡尾酒——依次倒入烈酒、果汁和糖浆，随后摇和、兑和或调和，最后点缀装饰。目前在皇家加勒比游轮旗下的海洋赞礼号、海洋量子号和地中海邮轮旗下的地中海华彩号上都可以看到。

图1-1　皇家加勒比游轮Bionic机器人酒吧

图1-2　皇家加勒比游轮思古诺钢琴酒吧

（二）钢琴酒吧

钢琴酒吧是有专人弹奏钢琴的酒吧（图1-2），深受游客喜爱，在邮轮钢琴酒吧内，客人经常聚在钢琴旁一起吟唱喜欢的歌曲。营业期间会有早间数独挑战、知识问答等娱乐节目，提供各类啤酒、洋酒和鸡尾酒。邮轮的招牌钢琴酒吧有歌诗达里克酒吧、皇家加勒比思古诺酒吧、嘉年华狂想曲蓝酒吧。

（三）音乐酒吧

音乐酒吧主要针对喜爱音乐文化的游客。在邮轮音乐酒吧（图1-3），你可以和爱人或漫步舞池，或静听蓝调布鲁斯的悠扬，收获更浪漫的度假体验。

图1-3　皇家加勒比游轮Music Hall音乐酒吧

图1-4　诺唯真邮轮中庭酒吧

（四）大堂吧

大堂吧位于邮轮中庭，是邮轮的门户，设有吧台、雅座区和小型舞池。营业期间会有乐队演奏，每个航程调酒师会开展一次花式调酒秀，为客人提供莫吉托制作和美式调酒教程。邮轮的招牌大堂吧有皇家加勒比波列罗酒廊、诺唯真中庭酒吧（图1-4）等。

（五）观光酒吧

观光酒吧坐落于邮轮的最高点，是邮轮的标志，登临这个美轮美奂且有360度观景窗的酒廊，可以远眺海上风光，享受香槟、招牌鸡尾酒，有令人振奋的氛围。皇家加勒比海洋量子号北极星观光酒吧就是工程学上的一个奇迹（图1-5），它利用一个宝石形的玻璃舱将游客送往全新高度，游客可在游轮两侧离海面90多米的高空中观赏到360度的开阔景象，令人叹为观止。

图1-5　皇家加勒比游轮北极星观光酒吧

图1-6　诺唯真邮轮 Sensoria迪斯科酒吧

（六）迪斯科酒吧

邮轮迪斯科酒吧是指供游客跳舞的酒吧（图1-6），游客在迪斯科酒吧跳舞被称为"蹦迪"，迪斯科酒吧舞池地板下安装了弹簧。跳舞时，游客随着节奏感极强的音乐，在闪耀的灯球和五颜六色的霓虹灯下彻夜跳舞，尽情舒展全身筋骨。迪斯科酒吧营业期间会提供少量品种的啤酒、洋酒和经典鸡尾酒。

（七）餐厅酒吧

餐厅酒吧是一种设置在餐厅中或位于餐厅与餐厅之间的酒吧（图1-7），服务对象以用餐客人为主，是游客餐前聚会的场所。餐厅酒吧较为复杂，除要具备种类齐全的洋酒之外，还要有鸡尾酒和葡萄酒。代表性餐厅酒吧是诺唯真邮轮的子午线餐厅酒吧，它坐落于牛排馆和巴西烧烤餐厅之间。

图1-7　诺唯真邮轮子午线餐厅酒吧

图1-8　皇家加勒比游轮剧场酒吧

（八）剧场酒吧

剧场酒吧虽然名字叫酒吧，但更像一个剧院，是邮轮酒吧中容纳游客人数最多的一种（图1-8），事实上这里也确实承担了部分剧院的功能，许多经典歌舞表演都在这里。典雅、现代、新颖、华丽的装饰与尖端科技结合，为游客展现一个个不同凡响的剧目。剧院酒吧通常在没有活动时关闭，营业期间提供各类啤酒、洋酒和鸡尾酒。

（九）池畔酒吧

池畔酒吧是设置在邮轮甲板游泳池旁的酒吧（图1-9），为游客提供冰镇啤酒或鸡尾酒。它会在每个航程配合天气举办广场舞、队列舞、互动游戏、花式调酒秀等热力四射的大型活动。

图1-9　皇家加勒比游轮池畔酒吧

图1-10　皇家加勒比游轮英式酒馆

（十）英式酒馆

邮轮英式酒馆以船舵等作为装饰，配以古典深棕色木家具，还原英国古典装修风格，有着浓烈的英式风味（图1-10）。在海上航行的日子里，英式酒馆就变成了一家地道的英式餐厅，为游客提供各种传统的英国饮食，包括英国人最喜欢的香肠、土豆泥、鱼、薯条、英式农夫午餐、各式经典鸡尾酒、威士忌和烈性啤酒。

（十一）葡萄酒吧

邮轮葡萄酒吧拥有来自全世界各地的葡萄酒，能够满足绝大多数游客和葡萄酒爱好者的口味。邮轮葡萄酒吧还为游客提供品酒教程，提升游客的品酒能力。诺唯真酒窖葡萄酒吧（图1-11）与世界知名的红酒庄园迈克尔·蒙大维家族合作。

（十二）运动酒吧

邮轮运动酒吧设计围绕"体育精神"的理念展开，有巨大的拱形天花板、嵌入式照明、深色的墙壁和家具（图1-12）。游客不论从什么角度，通过巨大的屏幕观看体育赛事，都是非常棒的体验。运动酒吧除了啤酒之外，还提供鸡尾酒、红酒和气泡酒。

图1-11　诺唯真邮轮酒窖葡萄酒吧

图1-12　皇家加勒比游轮运动酒吧

（十三）礼宾酒廊

礼宾酒廊是专为邮轮金卡、白金卡会员及套房客人打造的专属会所酒吧（图1-13），提供欧陆早餐、24小时自助茶饮和咖啡，傍晚时段有免费的酒水和小吃。礼宾酒廊配备高科技的设施，以提供新奇的体验和注重游客的舒适度而闻名。

图1-13　诺唯真邮轮礼宾酒廊

图1-14　诺唯真邮轮雪茄吧

（十四）雪茄吧

邮轮雪茄吧作为游客和雪茄交流的桥梁，在雪茄文化的传播上有极其重要的作用，它是一个集休闲、购物于一体的综合场所，配有舒适的皮椅和全套雪茄盒，是游客品鉴喜爱的威士忌、鸡尾酒与上等雪茄的理想场所（图1-14）。

（十五）精酿啤酒屋

邮轮精酿啤酒屋提供超过50种瓶装啤酒和20余种精酿啤酒。游客可以坐在邮轮上，喝着精酿啤酒，通过落地窗欣赏壮观的海景，创造一段美好的邮轮时光（图1-15）。

图1-15 诺唯真邮轮精酿啤酒屋

图1-16 诺唯真邮轮莫吉托酒吧

（十六）莫吉托酒吧

邮轮莫吉托酒吧，是游客品鉴高水准莫吉托鸡尾酒的专业酒吧（图1-16）。莫吉托酒吧除了经典口味之外，还有100种以上水果口味可供游客选择，不仅有使用新鲜水果制作的草莓、百香果、芒果莫吉托，还有使用柚子、紫苏等制作的口味特别的莫吉托。

（十七）威士忌酒廊

邮轮威士忌酒廊安静的氛围令人印象深刻，提供超过100种单一麦芽威士忌，产地涵盖苏格兰、爱尔兰、美国、加拿大和日本五大产区，其中不乏限量版佳酿。威士忌酒廊每个航程会定期举办品鉴会，十分适合游客深层次地欣赏与品味威士忌（图1-17）。

图1-17 诺唯真邮轮威士忌酒廊

图1-18 诺唯真邮轮伏特加真冰酒吧

（十八）伏特加真冰酒吧

伏特加真冰酒吧是北欧真冰酒店的灵感与邮轮碰撞出的海上伏特加酒吧（图1-18），从吧台到座椅，再到玻璃杯，这里的一切都是由真冰打造的。酒吧的温度保持在约 −8.5℃，因此游客要裹上特制的防寒服，在这里享用一杯由伏特加打造的特饮，这种体验绝无仅有。

任务准备

以3～4人为一个小组，复习邮轮酒吧相关知识，制作解说PPT，每组推选一名代表，以酒吧员的身份向客人介绍邮轮酒吧。

项目一 一路风景美,使人渐陶醉——走进邮轮看酒吧

任务实施

向游客介绍邮轮酒吧的流程,如图1-19所示。

图1-19 向游客介绍邮轮酒吧的流程

一、PPT制作

将邮轮酒吧知识与图片进行整理与总结,以小组为单位,制作PPT。

二、仪容仪表检查

酒吧人员每日工作前必须对自己的仪容仪表进行检查,做到整洁、干净,要有明朗的笑容。

三、热情迎客

向游客进行自我介绍并热情欢迎游客的到来。

四、介绍讲解

根据邮轮酒吧相关内容介绍酒吧特色和产品。

五、礼貌送客

成功为游客介绍邮轮酒吧之后,真诚邀请客人到邮轮各式各样的酒吧小酌一杯,尽情享受海上的美妙夜晚。

任务评价

任务评价主要从PPT制作、仪容仪表、热情迎客、介绍讲解、礼貌送客、语言能力及学习态度情况几个方面进行评价,详细内容如表1-1所示。

表1-1 "为游客介绍邮轮酒吧"任务评价表

项目	M 测量 / J 评判	标准名称或描述	总分/分	评分示例	得分 ___组	___组	___组
PPT制作	J	PPT制作缺乏思路,有的内容缺失,12分; PPT制作完整,内容不够丰富,16分; PPT制作精美,内容翔实,图文兼备,20分	20	12 16 20			

续表

项目	M 测量 / J 评判	标准名称或描述	总分/分	评分示例	得分 ___组	___组	___组
仪容仪表	M	制服干净整洁，熨烫挺括，合身，符合行业标准	1	Y/N			
	M	鞋子干净且符合行业标准	1	Y/N			
	M	男士修面，胡须修理整齐；女士淡妆，身体部位没有可见标记	1	Y/N			
	M	发型符合职业要求	1	Y/N			
	M	不佩戴过于醒目的饰物	0.5	Y/N			
	M	指甲干净整洁，不涂有色指甲油	0.5	Y/N			
	J	工作中站姿、走姿一般，完成有挑战性的工作任务时仪态较差，1分；所有工作任务中站姿、走姿良好，表现专业，但是仍有瑕疵，3分；工作中站姿、走姿优美，表现非常专业，5分	5	1 3 5			
迎客、送客	M	热情迎客	5	Y/N			
	M	礼貌送客	5	Y/N			
介绍讲解	J	有的内容重复，汇报人词不达意，12分；汇报人能顺利讲完PPT，16分；汇报人精神面貌好，思路清晰有条理，20分	20	12 16 20			
语言能力	J	全程没有或较少使用英文，5分；全程大部分使用英文，但不流利，10分；全程使用英文，较为流利，但专业术语欠缺，15分；全程使用英文，整体流利，使用专业术语，20分	20	5 10 15 20			
学习态度	J	学习态度有待加强，被动学习，延时完成学习任务，5分；学习态度较好，按时完成学习任务，10分；学习态度认真，方法多样，积极主动，15分	15	5 10 15			
综合印象	J	在所有任务中状态一般，当发现任务具有挑战性时表现为不良状态，1分；在执行所有任务时保持良好的状态，看起来很专业，但稍显不足，3分；在执行任务中，始终保持出色的状态标准，整体表现非常专业，5分	5	1 3 5			
选手用时							

裁判签字： 年 月 日

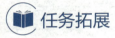

任务拓展

想一想：邮轮酒吧和陆地酒吧有什么区别？

邮轮酒吧种类繁多，风格各异，酒水品种更多。调酒师来自世界各地，并且各有专长，可以满足国际化游客的需求。邮轮安全第一，酒吧禁止花式调酒烟花秀和火焰鸡尾酒制作。

思考题

一、单项选择题

1. 机器人酒吧中的机器人发挥独有的技能来精心调制一杯鸡尾酒——依次倒入（　　）、果汁和糖浆，随后摇和、兑和或调和，最后点缀装饰。
   A. 葡萄酒　　　　B. 啤酒　　　　　C. 鸡尾酒　　　　D. 烈酒
2. 大堂吧位于邮轮（　　），是邮轮的门户，设有吧台、雅座区和小型舞池。
   A. 中庭　　　　B. 船头　　　　　C. 船尾　　　　　D. 甲板

二、多项选择题

1. 邮轮莫吉托酒吧提供（　　）口味的莫吉托供游客选择。
   A. 经典　　　　B. 水果　　　　　C. 特别　　　　　D. 麦芽
2. 邮轮礼宾酒廊是专为（　　）客人打造的专属会所。
   A. 金卡　　　　B. 白金卡　　　　C. 套房　　　　　D. 银卡

三、简答题

邮轮常见的酒吧有哪些？至少说出 10 个。

任务2　邮轮酒吧酒水套餐销售

学习目标

1. 掌握酒水套餐的销售流程。
2. 了解酒吧酒单的定义、类别和酒水分类。
3. 知道邮轮酒水套餐服务注意事项。
4. 熟悉邮轮酒吧酒单的主要内容。

任务导入

2007 年 5 月 27 日，在美国得克萨斯州加尔维斯顿（Galveston）港口我首次登上了皇家加勒比海洋迎风号邮轮，作为一名基层酒吧员，我除了清洗、擦拭酒杯，学习识别和使用调酒工具，还要制作酒吧基础装饰物，练习基础调酒和服务技巧。那天是游客登船日，我被安排在大堂酒吧负责酒水套餐的销售工作，这是一个很好的认识邮轮酒吧酒单的机会，我记录了工作全过程。

M1-3 皇家加勒比海洋迎风号邮轮介绍

知识学习

酒单是酒吧产品的目录,是客人在酒吧的消费指南,主要作用是直接向客人介绍酒水销售的相关信息。邮轮酒吧酒单的内容包括酒水类别、酒水名称、酒水价格、酒品介绍及酒水图片等。邮轮酒吧酒单根据内容分为套餐酒单、综合酒单和专卖酒单。

一、套餐酒单

1. 啤酒套餐

客人每天只需要支付约 45 美元购买啤酒套餐,就可在邮轮的任何酒吧享受通用品牌葡萄酒、啤酒、碳酸和无酒精饮料的无限畅饮,如图 1-20 所示。

2. 基础洋酒套餐

客人每天支付约 55 美元购买基础洋酒套餐,就可享受任意酒吧通用品牌葡萄酒、啤酒、碳酸饮料、鸡尾酒、洋酒和利口酒的无限畅饮,如图 1-20 所示。

3. 碳酸饮料套餐

邮轮碳酸饮料套餐适合未成年人和不喝酒人士,成人每天只需要支付约 7 美元,未成年人每天支付约 4 美元,就可在邮轮任何酒吧享受碳酸饮料的无限畅饮,并免费得到一个邮轮可乐纪念杯。

图1-20 酒水套餐酒单

图1-21 波列罗酒廊酒单

二、综合酒单

邮轮酒吧综合酒单上包含各类酒品的综合信息,详见波列罗酒廊酒单(图1-21)。

特饮鸡尾酒

百加得莫吉托　　＄6.00
新鲜酸橙汁、薄荷叶、莫吉托糖浆、百加得银色朗姆酒、苏打水
皇家莫吉托　　＄6.00
百加得莫吉托中银色朗姆酒用柠檬朗姆酒代替
凯匹林纳　　＄6.25
雷伯龙甘蔗酒、砂糖、新鲜柠檬汁
卡比罗斯卡　　＄6.00
苏联红牌伏特加、砂糖、新鲜酸橙汁

冰沙鸡尾酒

终极椰林飘香　　＄7.00
百加得椰子朗姆酒、克鲁赞菠萝朗姆酒、绿洲椰林飘香特调汁
热情芒果玛格丽特　　＄9.00
培恩银色特基拉、三干橙皮酒、绿洲芒果特调汁、绿洲热情果特调汁
芒果草莓得其利　　＄7.00
克鲁赞芒果朗姆酒、绿洲芒果特调汁、绿洲草莓特调汁
野莓熔岩流　　＄7.00
百加得银色朗姆酒、绿洲野莓特调汁、绿洲椰林飘香特调汁

加冰鸡尾酒

培恩极品玛格丽特　　＄9.00
培恩微陈特基拉、培恩柑橘味利口酒、绿洲玛格丽特特调汁、橙汁
自由古巴　　＄5.75
百加得银色朗姆酒、可乐、青柠檬
草帽　　＄6.25
培恩XO咖啡利口酒、奶油
豪华玛格丽特　　＄9.25
培恩微陈特基拉、金万利、绿洲玛格丽特特调汁

马天尼鸡尾酒

特昆尼　　＄10.00
培恩特基拉、君度香橙、柠檬卷曲
巴西莓味马天尼　　＄8.25
绝对巴西莓味伏特加、皇家香博利口酒、蔓越莓汁、甜酸汁
红石榴马天尼　　＄8.25
苏联红牌伏特加、帕玛红石榴利口酒、莫林红石榴糖浆、蔓越莓汁

朗姆酒

银色朗姆酒
百加得椰子、百加得柠檬、百加得黑雷斯、百加得银色、百加得樱桃、克鲁赞芒果、克鲁赞菠萝、马利宝、奇峰银色

琥珀朗姆酒

阿普尔顿、摩根船长、布莱克威尔、百加得橡木心

黑色朗姆酒

百加得8、黑海豹、美雅士、培恩莱特珍藏朗姆

特基拉

金色特基拉

豪帅、索查

银色特基拉

培恩、索查、索查特莱珍、培恩铂金

微陈特基拉

1800、培恩

陈年特基拉

培恩、守护神波尔多陈年

葡萄酒

	杯	瓶
白葡萄酒	$8	$33
丹泽特灰皮诺干白葡萄酒		
宝林长相思	$9	$39
石堡酒庄霞多丽白葡萄酒	$7	$27
赫斯苏斯科园霞多丽迟摘甜白葡萄酒	$9	$42
揭秘酒庄混酿白葡萄酒	$10	$49
瑰红葡萄酒		
贝灵哲庄园加州白仙粉黛桃红半甜葡萄酒	$7	$27
法国圣母院庄园法国玫瑰红葡萄酒	$9	$35
红葡萄酒		
石堡黑皮诺红葡萄酒	$9	$36
宝林酒堡索诺玛梅洛红葡萄酒	$9	$39
宝林酒堡北海岸赤霞珠红葡萄酒	$9	$39
彼德利蒙维桥西拉红葡萄酒	$7	$29

啤酒

世界著名啤酒

阿姆斯特尔淡啤酒	$4.75
贝克斯	$4.75
科罗拉娜	$4.75
多瑟瑰琥珀啤酒	$4.75
福斯特	$6.95
喜力	$4.75
喜力但啤酒	$4.75
麒麟	$4.75
佩罗尼	$4.75

乌奎尔皮尔森　　　　　　　　　　　　　　　　$4.75
红色条纹　　　　　　　　　　　　　　　　　　$4.75
时代　　　　　　　　　　　　　　　　　　　　$4.75
青岛　　　　　　　　　　　　　　　　　　　　$4.75
蓝月比利时艾尔啤酒　　　　　　　　　　　　　$4.75
百威铝瓶　　　　　　　　　　　　　　　　　　$5.25
银子弹铝瓶　　　　　　　　　　　　　　　　　$5.25
山姆亚当斯波士顿拉格　　　　　　　　　　　　$4.75
斯米尔诺夫果味啤酒　　　　　　　　　　　　　$4.75
无酒精啤酒
欧杜　　　　　　　　　　　　　　　　　　　　$4.25
巴克勒啤酒　　　　　　　　　　　　　　　　　$4.25

三、专卖酒单

邮轮专卖酒单上只列举单一类别酒品的详细信息。详见马天尼鸡尾酒单（图1-22）

　　琥珀马天尼　　$6.95
　　杏仁利口酒、榛子利口酒、伏特加
　　蜜瓜马天尼　　$6.95
　　伏特加、蜜多丽蜜瓜味利口酒、橙汁
　　蓝月亮马天尼　　$6.95
　　伏特加、蓝橙利口酒
　　天鹅绒之吻　　$6.95
　　香蕉利口酒、金酒、菠萝汁和奶油
　　喔喔马天尼　　$6.95
　　伏特加、桃味利口酒、蔓越莓汁
　　法国马天尼　　$6.95
　　绝对伏特加或添万利干金酒、皇家香博利口酒、菠萝汁
　　巧乐力马天尼　　$6.95
　　巧克力利口酒、甘露咖啡甜酒、百利奶酒
　　柠檬糖马天尼　　$6.95
　　绝对柠檬味伏特加、柠檬角和糖浆
　　大都会　　$6.95
　　芬兰伏特加、君度香橙、蔓越莓汁、青柠檬汁
　　花生果酱马天尼　　$6.95
　　榛子利口酒、百利奶酒、皇家香博利口酒

图1-22　马天尼鸡尾酒单

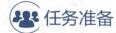 任务准备

　　以3～4人为一个小组，准备服务用具和酒单，如表1-2所示，采用角色扮演的方式，营造真实工作环境，以酒吧员的身份轮流进行酒水套餐销售演练。

表1-2 邮轮酒吧酒水套餐销售所需用具清单

| 套餐酒单 | 销售单 | 套餐专属标签贴 | 账单夹、笔 |

任务实施

酒水套餐的销售步骤,如图 1-23 所示。

图1-23 酒水套餐的销售步骤

一、仪容仪表检查

酒吧人员每日工作前必须对自己的仪容仪表进行检查,做到整洁、干净,要有明朗的笑容。

二、热情迎客

在主动接近客人的 20～30 秒内问候客人,对客人说"尊敬的先生/漂亮的女士,中午/下午好,欢迎您的到来",眼神交流的同时,向客人表示热烈的欢迎。

三、介绍酒水套餐

等待合适的提供服务的时机,双手递上酒单,运用酒单知识向客人介绍酒水套餐。

四、接受点单

介绍结束后,询问客人是否愿意购买酒水套餐。如果客人愿意,要热情地接受订单,有眼神交流,认真倾听客人的要求和问题。双手接过客人房卡并道谢。然后根据房卡的信息填写饮料套餐销售单。

五、客人签单

客人签字前,再次和客人确认套餐品种和金额,如有误,要及时更正。确认无误后,双手将饮料套餐销售单和笔递给客人签名确认。

M1-4 邮轮酒吧人员仪容仪表要求

六、贴套餐专属标签

调酒师将套餐专属标签贴在客人的房卡上,归还客人房卡并道谢。

经过上面的步骤,成功销售酒水套餐之后,还需要把销售单信息输入酒吧销售点单系统中,将账单和客人签字的销售单一一对应保存。如果发现销售系统中套餐总数和专属标签贴消耗数不一致,要及时查找原因并上报酒吧领班。

任务评价

任务评价主要从仪容仪表、销售过程、销售服务、语言能力、学习态度和综合印象几个方面进行评价,详细内容如表1-3所示。

表1-3 "邮轮酒吧酒水套餐销售"任务评价表

项目	M 测量 / J 评判	标准名称或描述	总分/分	得分 ___组	___组	___组
仪容仪表	M	制服干净整洁,熨烫挺括,合身,符合行业标准	1			
	M	鞋子干净且符合行业标准	1			
	M	男士修面,胡须修理整齐;女士淡妆,身体部位没有可见标记	1			
	M	发型符合职业要求	1			
	M	不佩戴过于醒目的饰物	0.5			
	M	指甲干净整洁,不涂有色指甲油	0.5			
	J	所有工作中站姿、走姿一般,在完成有挑战性的工作任务时仪态较差,1分; 所有工作任务中站姿、走姿良好,表现专业,但是仍有瑕疵,3分; 所有的工作中站姿、走姿优美,表现非常专业,5分	5			
销售过程	J	步骤缺失、完成的最终销售单可用,5分; 流程完整、步骤颠倒,10分; 流程完整、步骤正确,15分	15			
	M	饮料套餐销售单填写正确、整洁干净	3			
	M	销售过程中没有浪费销售单和专属标签	3			
	M	饮料销售单整洁干净	3			
销售服务	M	热情迎客	3			
	M	礼貌送客	3			
	J	与客人有一些互动,对酒单有介绍,具有适当的服务风络,12分; 在销售过程中有自信,对酒店的内容和特色有基本的介绍,有良好的互动,服务过程中始终如一,16分; 与客人有极好的互动,对酒单的内容有清晰的介绍,清楚地讲解酒单的特色,展示高水平的服务技巧,20分	20			
语言能力	J	全程没有或较少使用英文,5分; 全程大部分使用英文,但不流利,10分; 全程使用英文,较为流利,但专业术语欠缺,15分; 全程使用英文,整体流利,使用专业术语,20分	20			

续表

项目	M 测量 / J 评判	标准名称或描述	总分 / 分	得分 ___组	___组	___组
学习态度	J	学习态度有待加强，被动学习，延时完成学习任务，5分； 学习态度较好，按时完成学习任务，10分； 学习态度认真方法多样，积极主动，15分	15			
综合印象	J	在所有任务中状态一般，当发现任务具有挑战性时表现为不良状态，1分； 在执行所有任务时保持良好的状态，看起来很专业，但稍显不足，3分； 在执行任务中，始终保持出色的状态标准，整体表现非常专业，5分	5			

裁判签字：　　　　　　　　　　　　　　　　　　　　　年　　月　　日

任务拓展

酒吧酒单对各种酒水都会进行分类、罗列。酒单酒水简易分类如表1-4所示。

表1-4　酒水简易分类

类别	概念	品种	概述	邮轮产品
酒精饮料	酒精含量在0.5%（vol）以上的饮料	发酵酒	是借着酵母作用，把含淀粉和糖质原料的物质进行发酵，产生酒精成分而形成的酒	啤酒、葡萄酒
		蒸馏酒	又称烈酒，是指将发酵酒加以蒸馏提纯，然后经过冷凝处理而获得的乙醇浓度较高的酒	白兰地、威士忌、伏特加、朗姆酒、金酒、特基拉、中国白酒
		配制酒	是指以酿造酒、蒸馏酒或食用酒精作为酒基，配加一定比例的可食用辅料（如花、果、动植物、中药材等）或食品添加剂（如着色剂、甜味剂、香精等）进行调配、混合或再加工制成的，并改变了其原酒基风格的饮料酒	开胃酒、力娇酒、甜食酒、鸡尾酒
无酒精饮料	酒精含量在0.5%（vol）以下的饮料	碳酸饮料	在经过纯化的饮用水中压入二氧化碳气体的饮料的总称，又称汽水	果味型、果汁型、可乐型、低热量型
		果汁饮料	以水果为原料经过物理方法，如压榨、离心、萃取等得到的汁液产品	天然果汁、浓缩果汁、鲜榨果汁、调和果汁
		风味糖浆	以液态糖为基底，加入水果萃取物与食用香精，用来增加饮品风味的糖浆	咖啡糖浆、调酒糖浆
		矿泉水	从地下深处自然涌出的或经人工开采的、未受污染的地下水	天然矿泉水

思考题

一、单选题

1. 邮轮酒吧热情迎客的要求为，在主动接近客人的（　　）秒内问候客人："尊敬的先生/漂亮的女士，中午/下午好，欢迎您的到来。"

　　A.5～10　　　　　B.10～15　　　　　C.20～30　　　　　D.30～40

2. 酒单是酒吧产品的目录，是客人在酒吧的消费指南，主要作用是向客人介绍（　　）。

A. 酒水价格　　　　B. 酒水销售信息　　C. 酒文化　　　　D. 酒吧营业时间

3. 邮轮波列罗酒廊酒单包含（　　）类酒品的综合信息。

A.5　　　　　　　B.6　　　　　　　C.7　　　　　　　D.8

二、多项选择题

1. 邮轮酒吧酒单的内容包括（　　）酒品介绍及酒水图片等。

A. 酒水类别　　　　B. 酒水名称　　　　C. 酒水价格　　　D. 酒吧调酒师

2. 邮轮莫吉托酒吧提供（　　）口味的莫吉托供游客选择。

A. 经典　　　　　　B. 水果　　　　　　C. 特别　　　　　D. 麦芽

三、简答题

1. 简述酒水套餐的销售步骤。
2. 简述酒吧通用酒单包含的酒品类别。

项目二　初来乍到
——做一名邮轮基层酒吧员

项目概述

本项目从学会使用基础调酒工具、基本调酒技巧入手，首先让读者对邮轮基层酒吧员所需知识和技能有初步了解，然后通过掌握制作鲜榨果汁、清洗和擦拭邮轮酒吧常用载杯、制作邮轮酒吧装饰物的方法，让读者了解邮轮基层酒吧员的工作任务和操作规范，最后对邮轮碳酸饮料和矿泉水服务进行详细介绍。

项目目标

► 知识目标

1. 能识别调酒工具、载杯、常用的装饰物原料、碳酸饮料、果蔬汁饮料、矿泉水。
2. 能说出调酒的各种计量单位和基础调酒、服务技巧的训练方法。
3. 能讲解擦拭酒杯、制作邮轮酒吧装饰物、制作鲜榨果汁、提供碳酸饮料和矿泉水的方法和要领。

► 能力目标

能够正确使用调酒和服务工具、调酒技巧，选择正确的酒杯，制作正确的装饰物为客人提供碳酸饮料、果蔬汁饮料、矿泉水。

► 素质目标

1. 培养学生规范操作的意识。
2. 培养学生热情友好、宾客至上的工作态度。
3. 通过发掘无酒精饮料背后的专业知识，丰富学生文化知识。
4. 培智精技、学而不厌的工匠精神。
5. 具备爱岗敬业、诚实守信、遵纪守法、廉洁奉公的职业道德。

任务1　学会使用基础调酒工具

学习目标

1. 掌握基础调酒工具使用方法。

2. 知道邮轮酒吧基础调酒工具的识别知识。
3. 理解邮轮基础调酒工具的操作要领。
4. 熟悉各种调酒工具的功能。

任务导入

我是一名中国调酒师。为了实现对更高层次调酒技术的追求，我加入了皇家加勒比国际游轮集团，虽然起点是做一名邮轮基层酒吧员，但我意识到这是我职业生涯中的转折点。作为一个普通家庭的孩子，我很珍惜这来之不易的机会，谨记老师和父母的教诲，我坚信成功的事业、辉煌的成就都靠自己的双手去争取，将来我一定能成为一名国际邮轮调酒师。

知识学习

在基础调酒技巧训练以前，首先介绍在邮轮酒吧里会频繁使用的调酒工具和使用方法。

一、摇酒壶

摇酒壶也称为日式、英式、老式或三段式雪克壶，是不锈钢制品，主要由壶身、过滤网、壶盖三部分组成（图2-1）。酒吧常用250mL、350mL、550mL、750mL四种容量的摇酒壶。

图2-1　摇酒壶

图2-2　量酒器

图2-3　吧匙

二、量酒器

量酒器又称盎司器，如图2-2所示，是一种用来计量酒水的金属杯，通常有大、中、小三种型号，且每一种量酒器两端容量都不同，大号量酒器为30mL、60mL，中号量酒器为30mL、45mL，小号量酒器为15mL、30mL。

三、吧匙

吧匙是一种不锈钢制品（图2-3），一边是匙，另一边是三尖装饰叉，中间部位呈螺旋状，有大、中、小三种型号，它通常用于制作彩虹鸡尾酒和用搅拌法调制鸡尾酒，也可在取放装饰物时使用。

四、波士顿摇酒壶

波士顿摇酒壶,也称美式或花式调酒壶(图2-4),主要由两部分组成:金属壶身(也叫"厅")和上盖金属或玻璃杯。波士顿摇酒壶常用于花式调酒。

五、霍桑过滤器

霍桑过滤器呈扁平状,上面均匀排列着滤水孔,边缘有弹簧(图2-5)。若用波士顿调酒壶调制鸡尾酒,当需要将调酒杯中调制好的鸡尾酒倒入酒杯时,调酒杯内的冰块往往会随酒液一起滑入酒杯中,霍桑过滤器就是防止冰块滑落的专用器皿,由不锈钢制成。

图2-4　波士顿摇酒壶　　　图2-5　霍桑过滤器　　　图2-6　网式过滤器

六、网式过滤器

网式过滤器(图2-6),通常和霍桑过滤器一起使用,阻止一些更细小的杂质(果肉、香料、草本植物等)进入酒中,如图2-7所示。

图2-7　网式过滤器(中间)

七、搅拌杯

搅拌杯又称调酒杯,一般由玻璃或水晶制成,如图2-8所示。在搅拌杯中加入冰块时,用吧匙搅拌可使酒体混合、降温、稀释,波士顿搅拌杯(图2-9)也可用作波士顿摇酒壶的玻璃杯部分。搅拌杯经常用来做干马天尼或曼哈顿一类的鸡尾酒。

八、碾压棒

碾压棒用于捣碎水果等原料,来调配鸡尾酒的风味。材质分木质、不锈钢和塑料三种,如图2-10所示。使用力度则取决于原料,细腻的草本植物,如薄荷,轻轻挤压即可;如果是新鲜生姜或水果,用的力度就要大些。

图2-8　搅拌杯

图2-9　波士顿搅拌杯

图2-10　碾压棒

图2-11　水果刀

九、水果刀

调酒中所用的水果刀主要是用来切装饰配料，所以一般推荐4英寸（约10厘米）左右长的直刃水果刀，如图2-11所示。这个长度的刀既可以切较小的青柠，也可以处理较大的橙子。

十、香料磨粉器

香料磨粉器主要用于调制鸡尾酒时把一些香料（如肉桂、豆蔻等）磨成粉，撒在鸡尾酒上，如图2-12所示。

图2-12　香料磨粉器

十一、鸡尾酒沾边盒

鸡尾酒沾边盒采用优质食品级塑料精制而成，有四层构造：托盘层、带海绵的果汁层、盐层、糖层，满足专业酒吧调酒需求（图2-13），主要用于鸡尾酒装饰。

十二、酒嘴

酒嘴是专门为花式调酒而设计的，安装在酒瓶口上，用来控制倒出的酒量，使调酒更加连贯、顺畅，如图2-14所示。酒嘴有不锈钢和塑料两种，出酒口向外插入瓶口即可使用。

十三、压柠器

压柠器是调酒时为鸡尾酒榨取水果、蔬菜汁的工具，如图2-15所示，主要用于将新鲜的橙、柠檬和青柠檬榨汁。

十四、冰铲

冰铲是从制冰机、冰槽或冰桶中舀出冰块的调酒工具,如图 2-16 所示。邮轮酒吧常用的规格是 12 盎司(约 350mL)、24 盎司(约 700mL)和 1L。

| 图2-13 鸡尾酒沾边盒 | 图2-14 酒嘴 | 图2-15 压柠器 | 图2-16 冰铲 |

任务准备

以 3~4 人为一个小组,准备调酒工具,如表 2-1 所示,以酒吧员的身份轮流进行调酒工具使用训练。

表2-1 基础调酒工具清单

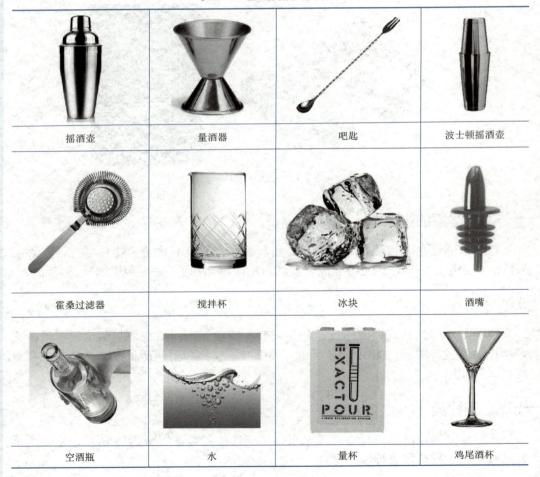

摇酒壶	量酒器	吧匙	波士顿摇酒壶
霍桑过滤器	搅拌杯	冰块	酒嘴
空酒瓶	水	量杯	鸡尾酒杯

任务实施

一、摇酒壶的使用方法

摇酒壶的使用方法如表 2-2 所示。

表2-2 摇酒壶的使用方法

项目	操作说明	图示
右手握壶	右手大拇指按住顶盖，用中指和无名指夹住摇酒壶，食指按住壶身	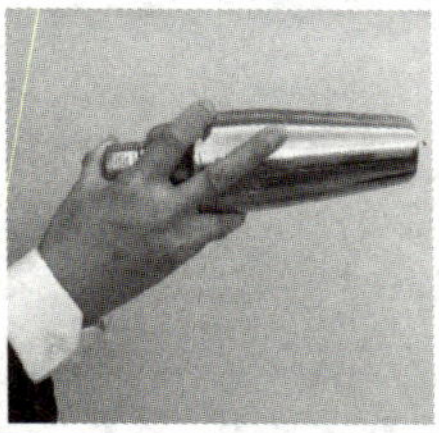
左手握壶	左手中指和无名指同时按住壶底，食指和小指夹住壶身，大拇指按住滤冰器	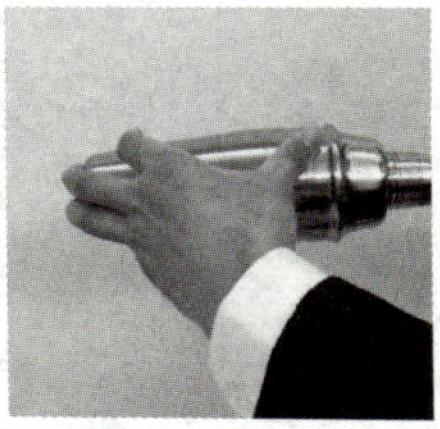
双手握壶	右手大拇指按住顶盖，用中指和无名指夹住摇酒壶，食指按住壶身；左手中指和无名指同时按住壶底，食指和小指夹住壶身，大拇指按住滤冰器	
一段摇法	手握摇酒壶向侧前方推出，到达手臂夹角约90度的位置，再收回至原位，如此重复摇动15次左右	
二段摇法	手握摇酒壶，先向斜上方推出→收回原位→向斜下方推出→收回原位，如此重复，次数和一段摇法相同	

二、量酒器的使用方法

量酒器的使用方法如表 2-3 所示。

表2-3　量酒器的使用方法

项目	操作说明	图示
量酒	左手食指和中指、虎口夹住量酒器上下漏斗的衔接处，大拇指按住下漏斗固定量酒器	
握瓶	右手大拇指和其余四指分开，环握酒瓶颈部，酒标正对客人	
示酒	右手大拇指和其余四指分开环握酒瓶颈部，酒标正对客人，左手托于瓶下方，酒瓶与水平面呈75度角	
开瓶	左手大拇指和食指、虎口夹住瓶盖，右手大拇指和其余四指分开环握酒瓶颈部，酒标正对客人，左手由内向外拧开瓶盖	
倒酒	左手夹住量酒器，右手大拇指和四指分开环握酒瓶颈部，酒瓶颈部放于量酒器正上方2~3cm处，瓶口正对量酒器的中心位置，酒标正对客人，用右手缓慢将酒瓶底部抬起，使酒液流入量酒器	
	将调酒壶平放于调酒台，量酒器和调酒壶的距离需保持在3cm左右，反手将量酒器中的酒液倒入调酒壶中，用手腕力旋转量酒器半圈，平放于调酒台上	
回位	左手拿起瓶盖，由外向内旋转盖于瓶口，并将酒瓶放于原处	

三、吧匙的使用方法

吧匙的使用方法如表 2-4 所示。

表2-4 吧匙的使用方法

项目	操作说明	图示
搅拌	用右手的中指和无名指夹住吧匙中部螺旋状的地方	
	用左手握杯底,把吧匙放入搅拌杯内壁的底部,要贴住搅拌杯的杯壁	
	用右手中指轻轻地扶住吧匙向内按,用无名指向外推,慢慢沿顺时针方向转动冰块,如果不熟悉这个动作,开始时不要转得太快	
	反复练习,直至冰块能连续转动 20 秒左右,起到稀释和冷却的作用就可以了,搅拌结束后,将吧匙背面向上,慢慢从杯中取出	

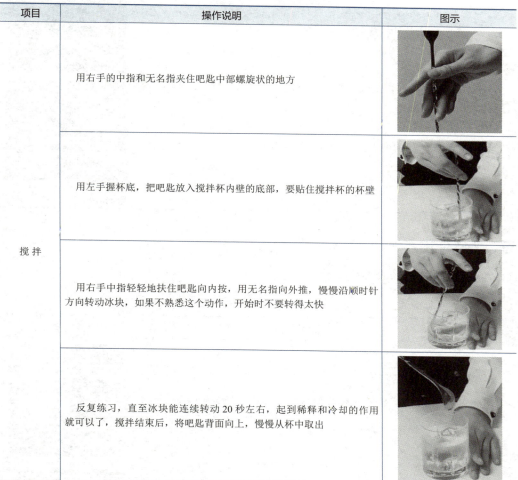

四、霍桑过滤器使用方法

霍桑过滤器使用方法如表 2-5 所示。

表2-5 霍桑过滤器使用方法

项目	操作说明	图示
固定	左手大拇指和四指分开握住调酒杯上部,右手将霍桑过滤器凹槽卡在调酒杯的杯口边缘	

续表

项目	操作说明	图示
换手	用右手的食指压住过滤器，大拇指和其余三指紧紧握住调酒杯杯身换手，调酒杯的注流口向左，过滤器的柄朝相反方向	
滤酒	左手按住鸡尾酒杯的底部，将酒滤入杯中	

五、酒嘴使用方法

酒嘴使用方法如表 2-6 所示。

表 2-6 酒嘴使用方法

项目	操作说明	图示
安装	酒标正对着客人，酒嘴插入瓶口，大口向左，与身体呈平行状态	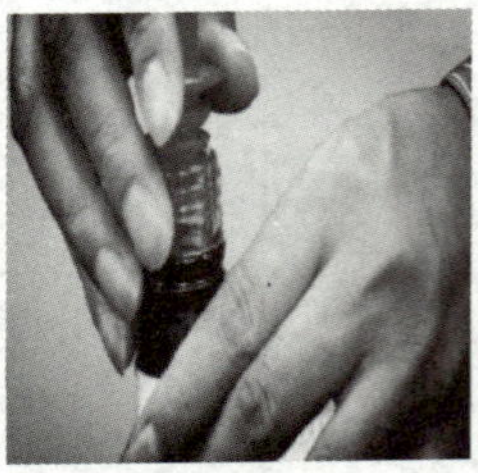
环握	酒标正对着客人，右手大拇指和四指分开环握酒瓶颈部；左手大拇指和四指分开环握厅的颈部，厅口向上垂直于水平面；身体呈自然舒展状态	
倒酒	右手将酒瓶颈部置于厅口，酒标正对客人，酒嘴正对于厅口的中心；右手缓慢将酒瓶竖起，使酒液从酒嘴流出；双手迅速配合上下移动酒瓶和厅，移动的过程中尽力保持酒液在厅口的中心位置流入；右手用手腕力迅速将酒瓶放下使酒嘴向上，酒液不再流出	

任务评价

任务评价主要从仪容仪表，摇酒壶、量酒器、吧匙、霍桑过滤器和酒嘴使用，学习态度几个方面进行评价，详细内容如表2-7所示。

表2-7 "学会使用基础调酒工具"任务评价表

项目	M 测量 / J 评判	标准名称或描述	总分/分	评分示例	得分 ___组	___组	___组
仪容仪表	M	制服干净整洁，熨烫挺括，合身，符合行业标准	1	Y/N			
	M	鞋子干净且符合行业标准	1	Y/N			
	M	男士修面，胡须修理整齐；女士淡妆，身体部位没有可见标记	1	Y/N			
	M	发型符合职业要求	1	Y/N			
	M	不佩戴过于醒目的饰物	0.5	Y/N			
	M	指甲干净整洁，不涂有色指甲油	0.5	Y/N			
	J	所有工作中站姿、走姿一般，在完成有挑战性的工作任务时仪态较差，1分；所有工作任务中站姿、走姿良好，表现专业，但是仍有瑕疵，3分；所有的工作中站姿、走姿优美，表现非常专业，5分	5	1 3 5			
摇酒壶的使用方法	M	严格按照操作说明使用摇酒壶	3	Y/N			
	M	操作程序正确	3	Y/N			
	M	操作过程中注意卫生	3	Y/N			
	M	操作姿态优美	3	Y/N			
	M	动作连贯性好，无停顿	3	Y/N			
量酒器使用技巧	M	严格按照操作说明使用量酒器	3	Y/N			
	M	操作程序正确	3	Y/N			
	M	操作过程中注意卫生	3	Y/N			
	M	操作姿态优美，操作过程中没有滴洒	3	Y/N			
	M	动作连贯性好，无停顿	3	Y/N			
吧匙的使用方法	M	严格按照操作说明使用吧匙	3	Y/N			
	M	操作程序正确	3	Y/N			
	M	操作过程中注意卫生	3	Y/N			
	M	操作姿态优美	3	Y/N			
	M	动作连贯性好，无停顿	3	Y/N			
霍桑过滤器使用方法	M	严格按照操作说明使用霍桑过滤器	3	Y/N			
	M	操作程序正确	3	Y/N			
	M	操作过程中注意卫生	3	Y/N			
	M	操作姿态优美，滤酒均匀，无滴洒	3	Y/N			
	M	动作连贯性好，无停顿	3	Y/N			

续表

项目	M 测量 / J 评判	标准名称或描述	总分 / 分	评分示例	得分 ___组	___组	___组
酒嘴使用技巧	M	严格按照操作说明使用酒嘴	2	Y/N			
	M	操作过程中注意卫生	2	Y/N			
	M	操作姿态优美，倒酒无滴酒	3	Y/N			
	M	倒酒精准，¼oz、½oz、¾oz、1oz 一项 2 分	8	2 4 6 8			
学习态度	J	学习态度有待加强，被动学习，延时完成学习任务，5 分； 学习态度较好，按时完成学习任务，10 分； 学习态度认真方法多样，积极主动，15 分	15	5 10 15			
选手用时							

裁判签字：　　　　　　　　　　　　　　　　　　　　年　　月　　日

📖 任务拓展

波士顿摇酒壶使用方法如表 2-8 所示。

M2-1 清凉一夏花式调制

表2-8　波士顿摇酒壶使用方法

项目	操作说明	图示
倒酒	大厅平放于左手手背上，右手拿酒瓶将酒倒入厅中	
组合	大厅加满冰块，平放于吧台，左手大拇指和四指分开握住大厅的上部，右手大拇指和四指分开握住小厅的底部，反扣入大厅中，右手握拳轻敲小厅底部，固定住大厅和小厅	
摇和	左手大拇指和四指分开握住大厅的底部，右手大拇指和四指分开握住小厅的底部，用手腕力和手臂力向侧前方推出，再收回至原位，如此重复摇动 15 次左右	
滤酒	分开大厅和小厅，右手大拇指和四指分开握住大厅的中部，左手大拇指和四指分开拿住小厅的上部，将小厅套入大厅中，大厅和小厅底部微微向上抬起，滤酒入杯	

思考题

一、单项选择题

鸡尾酒沾边盒采用优质食品级塑料精制而成，（　　）层构造，功能多样，能满足专业酒吧调酒需求。

A.1　　　　　　B.2　　　　　　C.3　　　　　　D.4

二、多项选择题

1. 量酒器又称盎司器，是一种用来计量酒水的金属杯，通常有大、中、小三种型号，且每一种量酒器两端容量都不同，有（　　）这几种组合。

A.½oz、1oz　　B.1oz、1½oz　　C.2oz、2½oz　　D.1½oz、2oz

2. 冰铲是从制冰机、冰槽或冰桶中舀出冰块的调酒工具，邮轮酒吧常用的规格有（　　）。

A.12oz　　　　B.6oz　　　　　C.24oz　　　　　D.1L

三、简答题

1. 简述量酒器的使用方法。
2. 简述吧匙的使用方法。

任务2　基本调酒技巧训练

学习目标

1. 掌握基本调酒技巧的实训步骤。
2. 知道各种调酒技巧的代表酒品。
3. 理解基本调酒技巧的操作要领。
4. 熟悉邮轮酒吧调酒计量单位。

任务导入

基本调酒技巧是入门引导，至于如何调酒，在保证饮品质量和卫生安全的前提下，每位调酒师都有自己的风格。高超的调酒技术和独特风格，只有靠勤学苦练才能拥有。

知识学习

一、注入法

注入法是直接在载杯里进行鸡尾酒的制作。把酒及配料按照顺序倒入加满冰块的杯中，最后用吧匙搅拌一下。适合于制作比较简单、不须摇动或长时间搅拌的鸡尾酒。

注入法的操作要领如下：

（1）通常材料容易混合、不需要以比较大的力量去调匀的饮料皆可以用注入法进行调配，如自由古巴、特基拉日出、渐入佳境等。

（2）用具有：吧匙和量酒器。

（3）使用注入法时一般不搅拌或只轻微搅拌，用吧匙搅拌 2～4 次就足够了。

（4）原料中如果有碳酸饮料，搅拌次数不超过 2 次，以免二氧化碳气体消失太快，影响口感及新鲜度。

二、摇和滤冰法

摇和滤冰法是将材料和冰块放入摇酒壶中，通过手腕和手臂的配合摇动使之混合均匀，再滤酒入杯的调制方法。

三、漂浮法

漂浮法是利用原料糖分比重不同的原理调制鸡尾酒，风靡世界的彩虹酒、"B—52 轰炸机"就是典型代表。

漂浮法的操作要领如下：

（1）调制时将吧匙背靠住酒杯内壁，用量酒器慢慢将酒按含糖比重的不同依次加入杯中，达到分层效果，糖分最大的在最下层。

（2）调制时应注意掌握"三度"——力度、速度和角度，以免造成酒液分层不明显或酒液部分混合。

四、搅和滤冰法

搅和滤冰法是把酒水与冰块按配方分量放入调酒杯中，用吧匙迅速搅拌均匀后，用滤冰器过滤冰块，将酒水斟入酒杯中。搅和滤冰法比较适合在搅拌容易混合的材料时或灵活处理材料时使用。

五、搅拌法

以电动搅拌机调酒的方式近年来在国内颇为流行，尤其是在调配具有异国风味、热带风味的冰沙鸡尾酒时，皆需搅拌混合（图 2-17），如椰林飘香、霜冻玛格丽特、霜冻得其利等鸡尾酒。

搅拌法操作要领如下：

（1）搅拌法是将材料放入搅拌机的搅拌杯中，然后根据调制所需要的稠度，控制好搅拌时间，加冰搅拌均匀后倒入鸡尾酒杯中。

（2）如调制的鸡尾酒过稠，需要加入果汁和酒进行搅拌；如鸡尾酒过稀，需要减少果汁和酒水。

六、捣和法

捣和法是使用碾压棒将水果、香料等新鲜食材捣碎或挤压，使其汁液流出，从而提升饮品口感的调制方法（图2-18），柠檬糖马天尼和经典莫吉托就是使用捣和法的代表鸡尾酒。

图2-17　搅拌法

图2-18　捣和法

捣和法操作要领如下：

（1）将杯子握住，掌中的碾压棒垂直向下挤压。

（2）如配方中使用新鲜薄荷叶，不可过度捣压薄荷叶，这样会破坏鸡尾酒口感，喝起来有一点点苦味。

（3）根据鸡尾酒的调制要求，捣和后需要通过摇和法或调和法使原料充分混合，否则鸡尾酒喝起来会没有复合感。

七、绕和法

绕和法是一种使用电动奶昔机混合鸡尾酒的调制方法（图2-19），常用来调制配方中含有甜酸汁、多种酒水或果汁的鸡尾酒。相对于传统的手工摇和法，绕和法不仅能满足快速出品的要求，而且能使酒水充分融合，为整杯酒带来柔和的口感。

图2-19　绕和法

任务准备

以 3～4 人为一个小组，准备调酒工具和原材料，如表2-9所示，以酒吧员的身份轮流进行基本调酒技巧训练。

表2-9　基本调酒技巧训练所需原料和用具清单

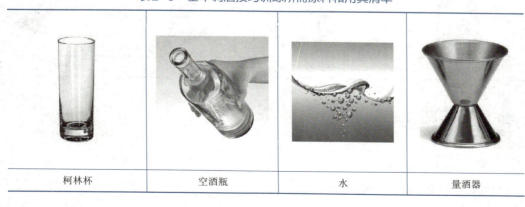

| 柯林杯 | 空酒瓶 | 水 | 量酒器 |

续表

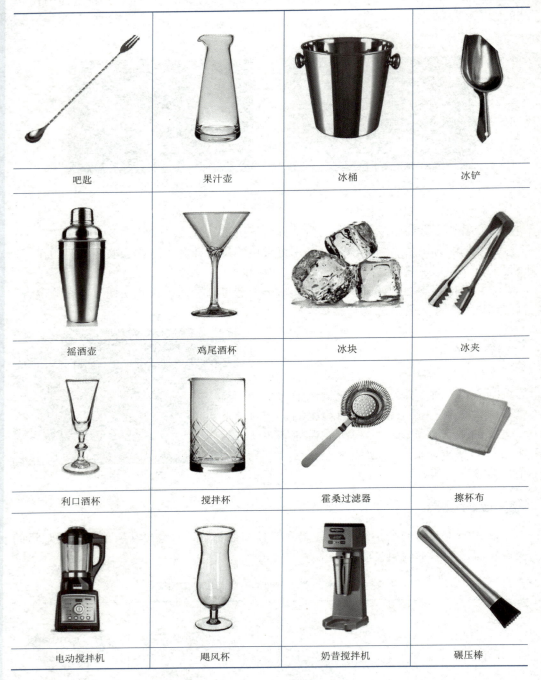

吧匙	果汁壶	冰桶	冰铲
摇酒壶	鸡尾酒杯	冰块	冰夹
利口酒杯	搅拌杯	霍桑过滤器	擦杯布
电动搅拌机	飓风杯	奶昔搅拌机	碾压棒

任务实施

一、注入法实训

注入法实训步骤，详见表 2-10 所示。

表2-10 注入法实训步骤

步骤	实训项目	实训要领	图示
第一步	准备	量酒器、吧匙、柯林杯、空酒瓶、水、冰块、冰夹	
第二步	加冰块	在柯林杯中加入冰块，使酒杯冷却	
第三步	量入基酒	柯林杯置于吧台，用量酒器将45mL基酒量入杯中	
第四步	加软饮或果汁	注入软饮或果汁至八～九分满	
第五步	轻微搅拌	轻轻搅拌使基酒、软饮或果汁充分混合	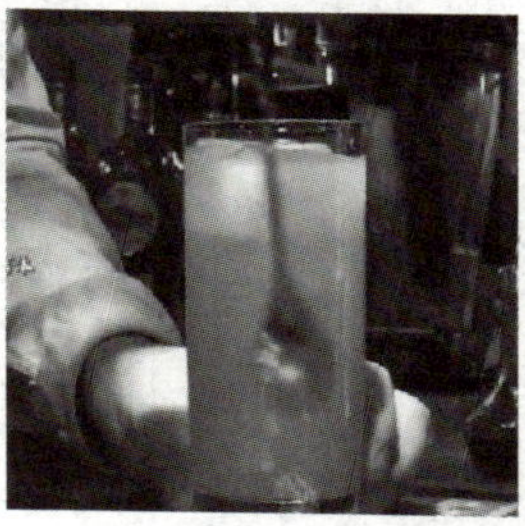

二、摇和滤冰法实训

摇和滤冰法实训步骤，如表2-11所示。

表2-11 摇和滤冰法实训步骤

步骤	实训项目	实训要领	图示
第一步	准备	量酒器、空酒瓶、水、摇酒壶、鸡尾酒杯、冰块、冰夹	
第二步	放材料	将摇酒壶平放于调酒操作台； 依次加入基酒、辅酒、果汁等材料； 酒水使用完毕须及时将酒瓶放回原处	
第三步	加冰块	摇酒壶加满加冰块	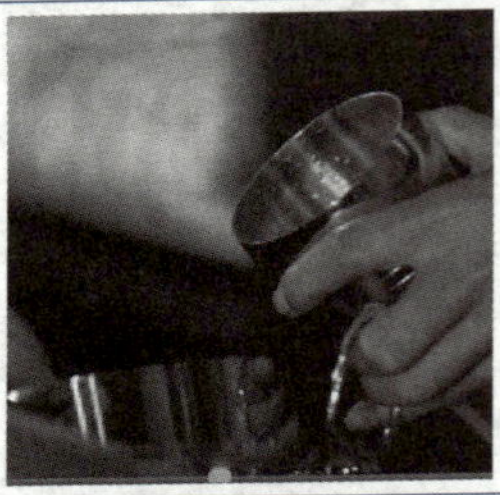
第四步	盖上滤网和上盖	摇酒壶盖上滤网和小盖	
第五步	双手摇匀	用双手摇匀至外部结霜即可	
第六步	滤酒入杯	取下小盖，将酒滤入鸡尾酒杯中	

三、漂浮法实训

漂浮法实训步骤，如表 2-12 所示。

表2-12　漂浮法实训步骤

步骤	实训项目	实训要领	图示
第一步	准备	量酒器、吧匙、利口酒杯	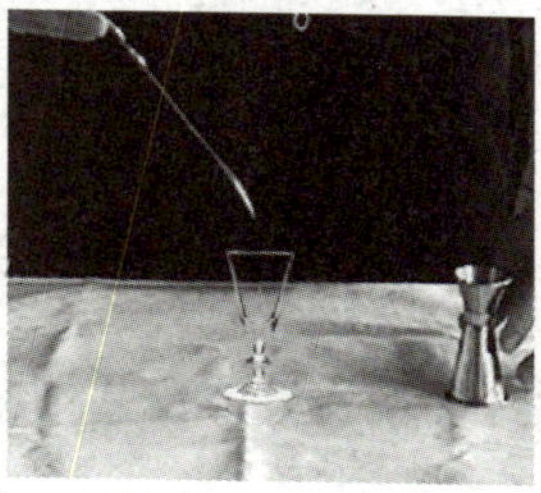
第二步	倒酒	右手大拇指和其余四指捏住量酒器，手臂缓缓向上抬起，让酒流入或滴入利口酒杯	
第三步	清洗工具	右手大拇指和其余四指环握量酒器大头端，左手大拇指、食指和中指捏住吧匙的中部，将量酒器和吧匙放入清洗桶中，右手顺时针转动量酒器，左手逆时针转动吧匙进行清洗	
第四步	再次倒酒	左手大拇指、食指和中指捏住吧匙的中部，将吧匙贴紧杯壁，右手大拇指和其余四指分开捏住量酒器，手臂缓缓向上抬起，让酒沿着吧匙慢慢均匀流入或滴入利口酒杯	
第五步	擦拭吧匙	右手握住量酒器，左手大拇指、食指和中指捏住吧匙的中部，将吧匙正放于擦杯布的一角，右手用大拇指和食指掀起擦杯布角擦拭吧匙	

续表

步骤	实训项目	实训要领	图示
第六步	擦拭量酒器	右手大拇指和其余四指捏住量酒器,左手掀起擦杯布一角并用大拇指塞进量酒器,右手大拇指和食指旋转酒器擦拭	

四、搅和滤冰法实训

搅和滤冰法实训步骤,如表 2-13 所示。

表 2-13　搅和滤冰法实训步骤

步骤	实训项目	实训要领	图示
第一步	准备	搅拌杯、吧匙、朱利滤冰器或霍桑过滤器	
第二步	加冰块	向搅拌杯中放入冰块	
第三步	搅拌	(1)用右手的中指和食指夹住吧匙中部螺旋状的地方。 (2)用左手握杯底,把吧匙放入搅拌杯内壁的底部,要贴住搅拌杯的杯壁。 (3)用中指轻轻地扶住吧匙向内按,用无名指向外推,慢慢沿顺时针方向转动冰块,如果不熟悉这个动作,开始时不要转得太快。 (4)反复练习,直至冰块能连续转动 20 秒左右。 (5)搅拌结束后,将吧匙背面向上,慢慢从杯中取出	
第四步	滤酒	把滤冰器放在调酒杯口,迅速将调好的酒水滤出	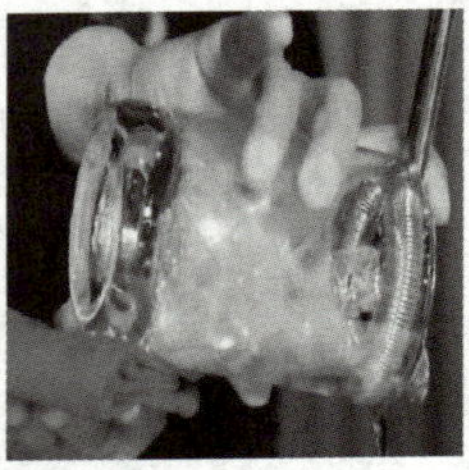

五、搅拌法实训

搅拌法实训步骤，如表2-14所示。

表2-14 搅拌法实训步骤

步骤	实训项目	实训要领	图示
第一步	准备	电动搅拌机、飓风杯或皇家皮尔森杯、冰夹、空酒瓶、水、量酒器、冰块、吧匙	
第二步	放材料	电动搅拌杯平放于酒吧操作台； 放材料入搅拌杯； 酒水原料使用完毕须及时将酒瓶放回原处	
第三步	搅拌	搅拌杯加入适量冰块，用搅拌机搅匀	
第四步	倒酒	将搅匀后的鸡尾酒倒入杯中	

六、捣和法实训

捣和法实训步骤，如图2-20所示。

第一步　原料和用具准备　　　　　　第二步　放柠檬角

第三步　放砂糖　　　　第四步　逆时针转动调酒厅，　　第五步　取出捣碎棒
　　　　　　　　　　　　　　　挤压出柠檬汁

图2-20　捣和法实训步骤

七、绕和法实训

绕和法实训步骤，如表2-15所示。

表2-15　绕和法实训步骤

步骤	实训项目	实训要领	图示
第一步	准备	奶昔搅拌机、空酒瓶、水、量酒器、飓风杯、冰块、冰夹、吧匙	
第二步	放材料	奶昔搅拌杯平放于酒吧操作台； 放材料入搅拌杯； 酒水原料使用完毕须及时将酒瓶放回原处	

续表

步骤	实训项目	实训要领	图示
第三步	绕和	搅拌杯放入奶昔机杯架，搅拌均匀	 
第四步	倒酒	将酒倒入加满冰块的飓风杯中	

任务评价

任务评价主要从仪容仪表、用具准备、操作过程、学习态度和综合印象几个方面进行评价，详细内容如表2-16所示。

表2-16 "基本调酒技巧训练"任务评价表

项目	M 测量 / J 评判	标准名称或描述	总分/分	评分示例	得分 ___组	___组	___组
仪容仪表	M	制服干净整洁，熨烫挺括，合身，符合行业标准	1	Y/N			
	M	鞋子干净且符合行业标准	1	Y/N			
	M	男士修面，胡须修理整齐；女士淡妆，身体部位没有可见标记	1	Y/N			
	M	发型符合职业要求	1	Y/N			
	M	不佩戴过于醒目的饰物	0.5	Y/N			
	M	指甲干净整洁，不涂有色指甲油	0.5	Y/N			
	J	所有工作中站姿、走姿一般，在完成有挑战性的工作任务时仪态较差，1分；所有工作任务中站姿、走姿良好，表现专业，但是仍有瑕疵，3分；所有的工作中站姿、走姿优美，表现非常专业，5分	5	1 3 5			
注入法操作	M	严格按照实训要领操作，操作程序正确	2	Y/N			
	M	所有必需的设备、用具和材料领取正确、可用	2	Y/N			
	M	操作过程中注意卫生	2	Y/N			
	M	操作姿态优美	2	Y/N			
	M	动作连贯性好，无停顿	2	Y/N			

续表

项目	M 测量/J 评判	标准名称或描述	总分/分	评分示例	得分 ___组	___组	___组
摇和滤冰法操作	M	严格按照实训要领操作，操作程序正确	2	Y/N			
	M	所有必需的设备、用具和材料领取正确、可用	2	Y/N			
	M	操作过程中注意卫生	2	Y/N			
	M	操作姿态优美	2	Y/N			
	M	动作连贯性好，无停顿	2	Y/N			
漂浮法操作	M	严格按照实训要领操作，操作程序正确	2	Y/N			
	M	所有必需的设备、用具和材料领取正确、可用	2	Y/N			
	M	操作过程中注意卫生	2	Y/N			
	M	操作姿态优美	2	Y/N			
	M	动作连贯性好，无停顿	2	Y/N			
搅和滤冰法操作	M	严格按照实训要领操作，操作程序正确	2	Y/N			
	M	所有必需的设备、用具和材料领取正确、可用	2	Y/N			
	M	操作过程中注意卫生	2	Y/N			
	M	操作姿态优美	2	Y/N			
	M	动作连贯性好，无停顿	2	Y/N			
搅拌法操作	M	严格按照实训要领操作，操作程序正确	2	Y/N			
	M	所有必需的设备、用具和材料领取正确、可用	2	Y/N			
	M	操作过程中注意卫生	2	Y/N			
	M	操作姿态优美	2	Y/N			
	M	动作连贯性好，无停顿	2	Y/N			
捣和法操作	M	严格按照实训要领操作，操作程序正确	2	Y/N			
	M	所有必需的设备、用具和材料领取正确、可用	2	Y/N			
	M	操作过程中注意卫生	2	Y/N			
	M	操作姿态优美	2	Y/N			
	M	动作连贯性好，无停顿	2	Y/N			
绕合法操作	M	严格按照实训要领操作，操作程序正确	2	Y/N			
	M	所有必需的设备、用具和材料领取正确、可用	2	Y/N			
	M	操作过程中注意卫生	2	Y/N			
	M	操作姿态优美	2	Y/N			
	M	动作连贯性好，无停顿	2	Y/N			
学习态度	J	学习态度有待加强，被动学习，延时完成学习任务，5分；学习态度较好，按时完成学习任务，10分；学习态度认真方法多样，积极主动，15分	15	5 10 15			
综合印象	J	在所有任务中状态一般，当发现任务具有挑战性时表现为不良状态，1分；在执行所有任务时保持良好的状态，看起来很专业，但稍显不足，3分；在执行任务中，始终保持出色的状态标准，整体表现非常专业，5分	5	1 3 5			
选手用时							

裁判签字：　　　　　　　　　　　　　　　　　　　　　　年　　月　　日

任务拓展

邮轮酒吧调酒计量详见表2-17。

表2-17　邮轮酒吧调酒计量

序号	酒吧标准计量	序号	酒吧标准计量
1	1盎司=约30毫升	10	1单元=6盎司
2	1吉格=1.5盎司	11	1份=3盎司
3	1份=任意均等份	12	1杯红酒=4盎司
4	1点=1/32盎司（约1毫升）	13	1杯=8盎司
5	1吧匙或茶匙=1/8盎司	14	1品脱=16盎司=1搅拌杯
6	1汤匙=3/8盎司	15	1夸脱=32盎司
7	1瓶葡萄酒=750毫升=25.4盎司	16	1/5加仑=25.6盎司
8	1小杯=1盎司	17	1升=33.8盎司
9	1舒特=1.5盎司	18	1加仑=128盎司

思考题

一、单项选择题

1.（　　）是把酒水按配方中的分量倒进加入冰块的摇酒器中摇荡，摇匀后过滤冰块，将酒倒入杯中。

A. 摇和法　　　　B. 兑和法　　　　C. 调和法　　　　D. 搅和法

2. 邮轮酒吧调酒计量规定 1 杯红酒标准计量是（　　）。

A. 2oz　　　　　B. 3oz　　　　　C. 4oz　　　　　D. 5oz

二、多项选择题

1. 鸡尾酒的制作方法包括调和法、（　　）等。

A. 摇和法　　　　B. 兑和法　　　　C. 搅和法　　　　D. 混合法

2. 以电动搅拌机调酒的方式近年来在国内颇为流行，尤其是在调配具有异国风味、热带风味的冰沙鸡尾酒时，皆需用搅拌混合的方式。搅拌法可用于调制（　　）鸡尾酒。

A. 椰林飘香　　　B. 霜冻玛格丽特　　C. 霜冻得其利　　D. 曼哈顿

三、简答题

1. 邮轮基本的调酒技巧有哪些？

2. 搅拌法和搅和法的区别是什么？

任务3　掌握制作鲜榨果汁的两种常用方法

学习目标

1. 掌握用压柠器和电动榨汁机制作果汁的方法。

2. 了解制作高质量新鲜柠檬汁操作要领。
3. 知道邮轮果蔬汁饮料饮用与服务注意事项。
4. 熟悉邮轮果蔬汁饮料的分类及常见品种。

任务导入

在海洋迎风号邮轮酒吧工作已有一个月了,作为一名基层酒吧员,我学会了识别和使用调酒工具,邮轮首席调酒师每个航程都会指导我练习基础的调酒技巧,我的调酒技术也有很大的进步。今天邮轮停靠在墨西哥科苏梅尔岛,首席调酒师安排我制作新鲜柠檬汁和橙汁,这是一个很好的实践机会。

M2-2 果蔬汁饮料基础知识与服务

知识学习

果蔬汁是指以新鲜或冷藏果蔬为原料,经过清洗、挑选后,采用物理的方法,如压榨、浸提、离心等方法得到的果蔬汁液。以果蔬汁为基料,加水、糖、香料等调配而成的汁称为果蔬汁饮料。

一、邮轮果蔬汁饮料的分类及常见品种

邮轮果蔬汁饮料的分类及常见品种,如表 2-18 所示。

表2-18　邮轮果蔬汁饮料的分类及常见品种

类别	概述	名品
100% 纯果汁	非浓缩还原果汁:将新鲜原果清洗后压榨出果汁,经瞬间杀菌后直接罐装(不经过浓缩及复原),完全保留了水果原有的新鲜风味。 浓缩还原果汁:在浓缩果汁中加入与果汁浓缩过程中所失去水分等量的水生产而成。由于经过浓缩与还原的复杂加工,其新鲜度、口感及营养价值均无法与 NFC 产品相比	都乐
鸡尾酒混合汁	一种用水、糖、浓缩果汁、柠檬酸、天然香料、柠檬油等制成的特调果汁	调酒客 岛屿绿洲
果肉果汁	是指含有少量的细碎果粒的果汁	美汁源
浓缩果汁	水果采摘后,送入果汁原料加工厂,清洗、挑选之后进行破碎、压榨取汁,经过低温真空、蒸发之后制成果汁	新的
鲜榨果汁	用水果鲜榨的、没有任何添加物的纯果汁	橙汁 柠檬汁

二、果蔬汁饮料饮用与服务注意事项

(1)果汁饮料一律冰镇,并可适当加入冰块。
(2)浓缩果汁要按比例加入冰水进行稀释。
(3)混合果汁饮料一般会产生沉淀,斟倒之前应先摇匀。

项目二 初来乍到——做一名邮轮基层酒吧员 043

任务准备

以 3～4 人为一个小组,准备调酒工具和原料,如表 2-19 和表 2-20 所示,以酒吧员的身份轮流进行用压柠器制作新鲜柠檬汁和用榨汁机制作新鲜橙汁的训练。

表 2-19 用压柠器制作新鲜柠檬汁所需原料和用具清单

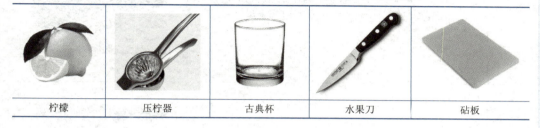

| 柠檬 | 压柠器 | 古典杯 | 水果刀 | 砧板 |

表 2-20 用榨汁机制作新鲜橙汁所需原料和用具清单

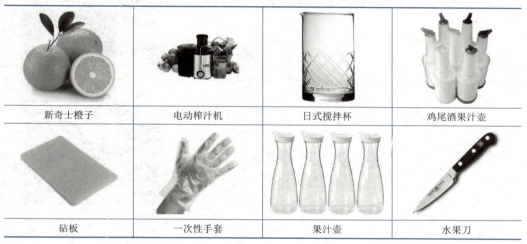

任务实施

一、用压柠器制作新鲜柠檬汁

用压柠器制作新鲜柠檬汁的方法,如表 2-21 所示。

表 2-21 用压柠器制作新鲜柠檬汁的方法

步骤	项目	操作要领	图示
第一步	初加工	将柠檬清洗干净、对切,一分为二	

续表

步骤	项目	操作要领	图示
第二步	准备	将古典杯平放于吧台，压柠器置于古典杯上，左手握住压柠器手柄，右手打开盖子，取半个柠檬备用	
第三步	放料	将半个柠檬果皮朝下装入压柠器夹子里	
第四步	挤压	用力挤压压柠器，使柠檬果汁流出来	
第五步	取渣	完成后，打开压柠器，取下柠檬皮	

> **小经验**：柠檬的苦涩味来自皮肉之间的白膜和柠檬籽，榨汁前要先去掉柠檬籽。柠檬切开后，皮上的油脂会慢慢让柠檬果肉产生涩味，所以用压柠器时，要避免挤压到白膜和柠檬皮，这样柠檬汁就不会有苦涩味。

二、用电动榨汁机制作新鲜橙汁

用电动榨汁机制作新鲜橙汁的过程，如表 2-22 所示。

表2-22 用电动榨汁机制作新鲜橙汁的过程

步骤	项目	操作要领	图示
第一步	初加工	将橙子清洗干净、对切，再一分为三，去皮后放入日式搅拌杯中备用	
第二步	榨汁	将电动榨汁机平放于吧台，右手投入去皮橙子，左手放入推料杆	
第三步	取汁	将汁渣分离后的橙汁，倒入橙色果汁壶备用	

任务评价

任务评价主要从仪容仪表、原料和用具准备、制作过程、学习态度和综合印象几个方面进行评价，详细内容如表2-23所示。

表2-23 "掌握制作鲜榨果汁的两种常用方法"任务评价表

项目	M 测量 / J 评判	标准名称或描述	总分/分	评分示例	得分 ___组	___组	___组
仪容仪表	M	制服干净整洁，熨烫挺括，合身，符合行业标准	1	Y/N			
	M	鞋子干净且符合行业标准	1	Y/N			
	M	男士修面，胡须修理整齐；女士淡妆，身体部位没有可见标记	1	Y/N			
	M	发型符合职业要求	1	Y/N			
	M	不佩戴过于醒目的饰物	0.5	Y/N			
	M	指甲干净整洁，不涂有色指甲油	0.5	Y/N			
	J	所有工作中站姿、走姿一般，在完成有挑战性的工作任务时仪态较差，1分；所有工作任务中站姿、走姿良好，表现专业，但是仍有瑕疵，3分；所有的工作中站姿、走姿优美，表现非常专业，5分	5	1 3 5			

续表

项目	M 测量/J 评判	标准名称或描述	总分/分	评分示例	得分 ___组	得分 ___组	得分 ___组
用压柠器制作新鲜柠檬汁	M	严格按照实训要领操作，操作程序正确	3	Y/N			
	M	所有必需的设备、用具和材料领取正确、可用	3	Y/N			
	M	操作过程中注意卫生	3	Y/N			
	M	操作姿态优美	3	Y/N			
	M	动作连贯性好，无停顿	3	Y/N			
	M	操作过程中没有浪费	3	Y/N			
	M	器具材料使用完毕后复归原位	3	Y/N			
	J	对酒吧技巧有一定了解，展示技巧一般，提供的最终作品可以饮用，5 分； 对任务充满自信，对酒吧技巧的了解较多，作品呈现较好，10 分； 对任务非常有自信，酒吧技术知识丰富，作品呈现优秀，15 分	15	5 10 15			
用电动榨汁机制作新鲜橙汁过程	M	严格按照实训要领操作，操作程序正确	3	Y/N			
	M	所有必需的设备、用具和材料领取正确、可用	3	Y/N			
	M	操作过程中注意卫生	3	Y/N			
	M	操作姿态优美	3	Y/N			
	M	动作连贯性好，无停顿	3	Y/N			
	M	操作过程中没有浪费	3	Y/N			
	M	器具材料使用完毕后复归原位	3	Y/N			
	J	对酒吧技巧有一定了解，展示技巧一般，提供的最终作品可以饮用，5 分； 对任务充满自信，对酒吧技巧的了解较多，作品呈现较好，10 分； 对任务非常有自信，酒吧技术知识丰富，作品呈现优秀，15 分	15	5 10 15			
学习态度	J	学习态度有待加强，被动学习，延时完成学习任务，5 分； 学习态度较好，按时完成学习任务，9 分； 学习态度认真方法多样，积极主动，13 分	13	5 9 13			
综合印象	J	在所有任务中状态一般，当发现任务具有挑战性时表现为不良状态，1 分； 在执行所有任务时保持良好的状态，看起来很专业，但稍显不足，3 分； 在执行任务中，始终保持出色的状态标准，整体表现非常专业，5 分	5	1 3 5			
选手用时							

裁判签字：　　　　　　　　　　　　　　　　　　　　年　　月　　日

M2-3 邮轮酒吧常用果蔬汁饮料的制作及特点

思考题

一、单项选择题

1. 用压柠器制作新鲜柠檬汁所需用具不包括（　　）。
   A. 压柠器　　　　B. 古典杯　　　　C. 量酒器　　　　D. 砧板
2. 邮轮浓缩果汁名品包括（　　）。
   A. 都乐　　　　　B. 新的　　　　　C. 岛屿绿洲　　　D. 美汁源
3. 电动榨汁机制作鲜榨橙汁所需用具不包括（　　）。
   A. 电动榨汁机　　B. 摇酒壶　　　　C. 果汁壶　　　　D. 水果刀

二、多项选择题

1. 邮轮果蔬汁饮料的常见类别有（　　）。
   A. 鸡尾酒混合汁　B. 果肉果汁　　　C. 浓缩果汁　　　D. 鲜榨果汁
2. 邮轮鸡尾酒混合汁名品有（　　）。
   A. 都乐　　　　　B. 调酒客　　　　C. 岛屿绿洲　　　D. 美汁源

三、简答题

1. 简述用压柠器制作新鲜柠檬汁的方法。
2. 简述果蔬汁饮料饮用与服务注意事项。

任务4　清洗、擦拭邮轮酒吧常用载杯

学习目标

1. 掌握擦拭酒杯、酒杯清洗和消毒的方法。
2. 了解擦拭酒杯的操作要领。
3. 知道酒杯清洗和消毒的注意事项。
4. 熟悉邮轮酒吧常用载杯。

任务导入

酒吧用来装酒的杯子称为酒吧载杯，简称酒杯。酒杯是酒艺术风格的重要组成部分。酒杯的运用是随着酒的种类、风格的不同而变化的。酒杯与酒的配用只有符合特定的规则，酒的魅力才能得以充分展现和传达。

知识学习

一、认识邮轮酒吧常用载杯

邮轮酒吧常用载杯详见表2-24。

M2-4　酒吧常用载杯

表2-24 邮轮酒吧常用载杯

 古典杯	 海波杯	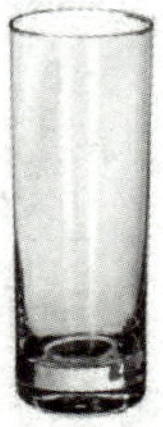 柯林杯	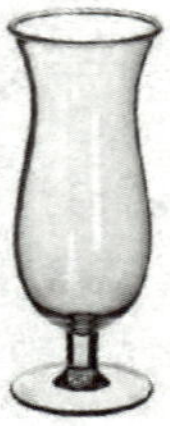 飓风杯	 白兰地杯
 白葡萄酒杯	 红葡萄酒杯	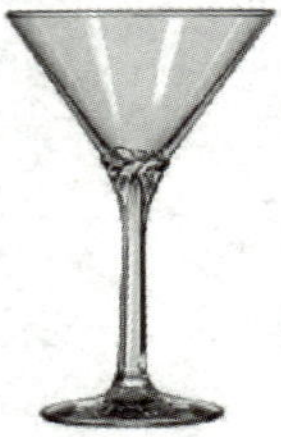 鸡尾酒杯	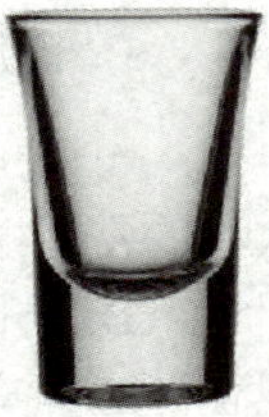 烈酒杯	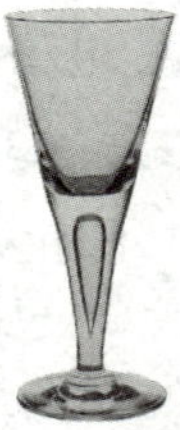 雪利酒杯
 玛格丽特酒杯	 浅碟形香槟杯	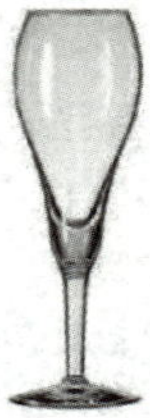 郁金香型香槟杯	 笛形香槟杯	 利口酒杯
 高脚皮尔森啤酒杯	 生啤杯	 波特酒杯	 爱尔兰咖啡杯	 波可杯

M2-5 酒吧载杯概述

二、酒杯的清洗与消毒

（一）酒杯的清洗

酒杯的清洗通常包括三个步骤，即冲洗、浸泡、漂洗。详见表2-25。

表2-25 酒杯的清洗

步骤	名称	操作说明
第一步	冲洗	用清水将酒杯上的残留液汁或污物冲掉
第二步	浸泡	将冲洗干净的酒杯放入含有清洁剂的溶液中浸泡数分钟，然后再逐一将各个酒杯上的油迹或冲洗不掉的污物清除掉，直到酒杯内外没有任何污迹为止
第三步	漂洗	将经过浸泡、清洗干净的酒杯再用清水漂洗一遍，使之不再带有清洁剂的味道

（二）酒杯的消毒

酒杯的消毒方法有煮沸消毒法、蒸汽消毒法及远红外线消毒法。

1. 煮沸消毒法：煮沸消毒法是公认的简单、可靠的消毒方式。将需消毒的酒杯放入水中后，加温将水煮沸后持续 2～5 分钟就可以达到消毒的目的。注意要将酒杯全部浸没在水中，消毒时间是从水沸腾开始计算，水沸腾后不能使水降温。

2. 蒸汽消毒法：消毒柜上插入蒸汽管，用 90℃的热蒸汽对酒杯进行杀菌消毒，消毒时间为 10～15 分钟。注意消毒前须检查消毒柜的密封性能是否完好，尽量避免消毒柜漏气。酒杯之间要留有一定的间隙，使蒸汽在酒杯间流通。

3. 远红外线消毒法：远红外线消毒法是使用远红外线消毒柜，在 120～150℃的持续高温下消毒 15 分钟，基本可以达到消毒杀菌的目的。远红外线消毒法既卫生方便，又易于操作，广受饭店和酒吧的青睐。

（三）注意事项

酒杯在洗涤和消毒时，应注意以下事项：

（1）调酒工具和酒杯必须分类洗涤，酒杯不可和不锈钢用具混淆在一起，否则容易造成酒杯破损，增加经营成本。

（2）各类酒杯洗涤、消毒后必须妥善保管，减少二次污染。

（3）无论采用何种消毒方法对酒杯进行消毒，都必须注意操作安全。

任务准备

以 3～4 人为一个小组，抽签选取 3～4 款酒杯，先按步骤清洗酒杯，再以酒吧员的身份轮流进行擦拭酒杯的训练。

任务实施

一、抽签选取酒杯

二、按照酒杯的清洗操作说明，冲洗、浸泡和漂洗酒杯

三、擦拭酒杯

擦拭酒杯的步骤方法如表 2-26 所示。

表2-26　擦拭酒杯的步骤方法

步骤	操作要领	图示
第一步	将擦杯布折起，左手拇指放于里面，拿住两端	

续表

步骤	操作要领	图示
第二步	右手离开，擦杯布自由落下，左手持布，手心朝上	
第三步	右手取杯，杯底部放入左手手心，握住	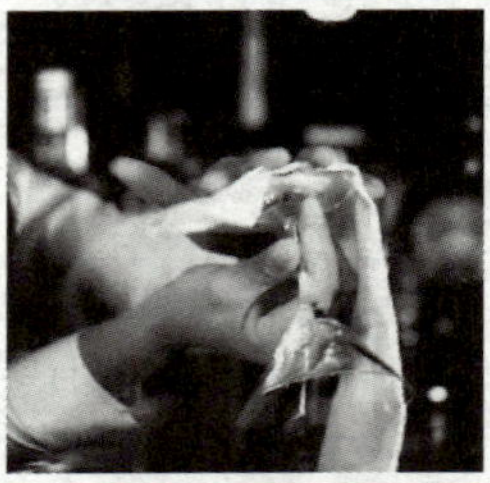
第四步	右手将擦杯布的另一端（对角部分）绕起，放入杯中	
第五步	右手拇指伸入杯中，其他四指握住杯子外部，左右手交替转动并擦拭杯子	
第六步	一边擦拭一边观察是否擦净	
第七步	擦干净后，右手握住杯子的下部（拿杯子时，有杯脚的拿杯脚，无杯脚的拿底部），放置于吧台指定的地方备用，手指不能再碰杯子内部或上部，以免留下痕迹	

任务评价

任务评价主要从仪容仪表、酒杯选取、酒杯清洗、擦拭酒杯、学习态度和综合印象几个方面进行评价，详细内容如表 2-27 所示。

表 2-27 "清洗、擦拭邮轮酒吧常用载杯"任务评价表

项目	M 测量 J 评判	标准名称或描述	总分/分	评分示例	得分 ___组	___组	___组
仪容仪表	M	制服干净整洁，熨烫挺括，合身，符合行业标准	1	Y/N			
	M	鞋子干净且符合行业标准	1	Y/N			
	M	男士修面，胡须修理整齐；女士淡妆，身体部位没有可见标记	1	Y/N			
	M	发型符合职业要求	1	Y/N			
	M	不佩戴过于醒目的饰物	0.5	Y/N			
	M	指甲干净整洁，不涂有色指甲油	0.5	Y/N			
	J	所有工作中站姿、走姿一般，在完成有挑战性的工作任务时仪态较差，1 分； 所有工作任务中站姿、走姿良好，表现专业，但是仍有瑕疵，3 分； 所有的工作中站姿、走姿优美，表现非常专业，5 分	5	1 3 5			
酒杯选取	M	酒杯领取正确无误	10	Y/N			
酒杯清洗	M	严格按照说明操作	5	Y/N			
	M	操作程序正确	10	Y/N			
	M	器具材料使用完毕后复归原位	5	Y/N			
擦拭酒杯	M	严格按照要领操作	5	Y/N			
	M	操作程序正确	10	Y/N			
	M	操作过程中注意卫生	5	Y/N			
	M	操作姿态优美	10	Y/N			
	M	动作连贯性好，无停顿	10	Y/N			
学习态度	J	学习态度有待加强，被动学习，延时完成学习任务，5 分； 学习态度较好，按时完成学习任务，10 分； 学习态度认真方法多样，积极主动，15 分	15	5 10 15			
综合印象	J	在所有任务中状态一般，当发现任务具有挑战性时表现为不良状态，1 分； 在执行所有任务时保持良好的状态，看起来很专业，但稍显不足，3 分； 在执行任务中，始终保持出色的状态标准，整体表现非常专业，5 分	5	1 3 5			
		选手用时					

裁判签字： 　　　　　　　　　　　　　　　　　　年　月　日

任务拓展

M2-6　酒杯的类型

思考题

一、单项选择题

1. 古典杯又称老式酒杯或岩石杯，原为英国人饮用（　　）的酒杯，也常用于装载鸡尾酒，现多用此杯盛烈性酒加冰。
   A. 白兰地　　　　B. 威士忌　　　　C. 金酒　　　　D. 啤酒

2. 海波杯又叫"高球杯"，为大型、平底的直身杯，多用于盛载长饮类鸡尾酒或（　　），一般容量为8～12盎司。
   A. 软饮料　　　　B. 白兰地　　　　C. 啤酒　　　　D. 葡萄酒

3. 酒杯的消毒方法有（　　）、蒸汽消毒法及远红外线消毒法。
   A. 煮沸消毒法　　　　　　　　B. 浸泡消毒法
   C. 漂洗消毒法　　　　　　　　D. 微波消毒法

二、多项选择题

香槟杯用于盛装香槟酒，主要有（　　）三种杯型。
   A. 浅碟形　　　　B. 郁金香形　　　　C. 笛形　　　　D. 喇叭形

三、简答题

1. 擦拭酒杯的操作要领有哪些？
2. 简述酒杯洗涤和消毒的注意事项。

任务5　制作邮轮酒吧基础装饰物

学习目标

1. 掌握邮轮酒吧基础装饰物制作方法。
2. 了解制作酒吧基础装饰物评价标准。
3. 知道邮轮酒吧基础装饰物制作要领。
4. 熟悉邮轮酒吧常用的装饰物原料。

任务导入

对于一杯鸡尾酒，装饰物不仅决定着一杯酒的形，同时也影响一杯酒的味。装饰物丰富的视觉效果可以让鸡尾酒本身更具吸引力，装饰物与鸡尾酒的连接度，能增强喝酒时的感官体验，看了、吃了装饰物之后再喝鸡尾酒可以让酒体味道更浓厚。所以鸡尾酒装饰物制作看似简单，实则需要刻苦钻研外观造型、反复验证味道和勤学苦练技巧才能完成。

M2-7　鸡尾酒忆苦思甜装饰物制作

知识学习

邮轮酒吧常用的装饰物原料详见表2-28。

表2-28 邮轮酒吧常用的装饰物原料

马拉斯奇诺樱桃	柠檬	青柠	香橙
菠萝	草莓	树莓	西芹
薄荷叶	鸡尾酒橄榄	鸡尾酒洋葱	巧克力酱
姜糖片	砂糖	食盐	青苹果
咖啡豆	迷迭香	百里香	奶油
苦精	冰块	奥利奥饼干	肉豆蔻粉

M2-8 邮轮酒吧常用的装饰物原料概述

任务准备

以 3～4 人为一个小组,准备工具和原材料,如表 2-29 所示,学员以酒吧员的身份抽签制作酒吧基础装饰物 1 款,数量 2 份,制作时间为 10 分钟。

表2-29 制作酒吧基础装饰物所需原料和用具清单

柠檬	青柠	香橙	菠萝
一次性手套	Y形削皮器	水果刀	砧板
马拉斯奇诺樱桃	吸管	鸡尾酒签	鸡尾酒小伞

任务实施

制作邮轮酒吧常用装饰物

一、削皮装饰物制作

柠檬削皮、香橙削皮装饰物制作方法如表 2-30 所示。

表2-30 柠檬削皮、香橙削皮装饰物制作方法

方法	步骤	项目	操作要领	图示
用水果刀片柠檬皮	第一步	片皮	左手握住柠檬,右手拿水果刀,用刀沿着皮肉之间的白膜,小心翼翼地将柠檬皮分离	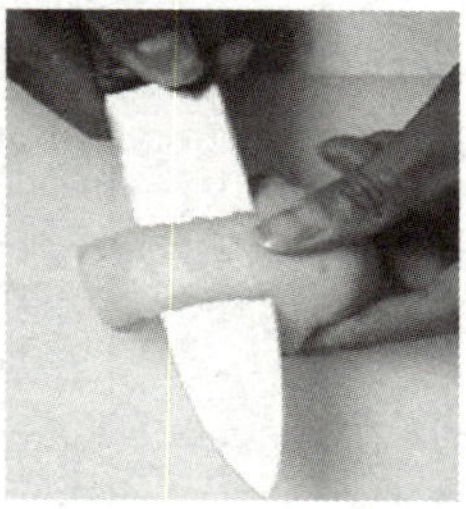
	第二步	剔膜	剔除柠檬皮上的白膜	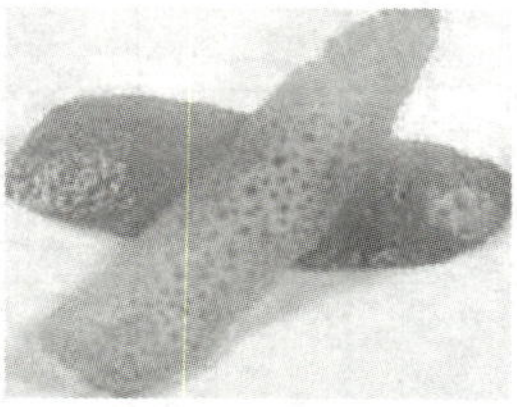
使用Y形削皮器切橙皮	第一步	削皮	左手拿Y形削皮器,右手握住香橙,沿着皮肉之间的白膜,小心翼翼地将香橙皮分离	
	第二步	修剪	用水果刀修剪香橙皮的边缘	
	第三步	成形	为了更加美观,尽力将香皮修剪得笔直、平整,然后将两端切成斜角	

二、青柠片装饰物制作

青柠片装饰物制作方法如表2-31所示。

表2-31 青柠片装饰物制作方法

步骤	项目	操作要领	图示
第一步	准备	（1）将刀和砧板消毒。 （2）将湿布放在砧板下，防止滑动。 （3）去除水果上的标签，清洗水果。 （4）洗手。 （5）戴上手套	
第二步	去蒂	擦干青柠檬，切去蒂头	
第三步	切片	将青柠檬横放后切成0.3厘米厚的薄片	
第四步	开口	将青柠檬片由中央直向下切一条开口	
第五步	挂杯	用青柠檬片挂杯装饰	

三、香橙角装饰物制作

香橙角装饰物制作方法如表2-32所示。

表2-32 香橙角装饰物制作方法

步骤	项目	操作要领	图示
第一步	准备	（1）将刀和砧板消毒。 （2）将湿布放在砧板下，防止滑动。 （3）去除水果上的标签，清洗水果。 （4）洗手。 （5）戴上手套	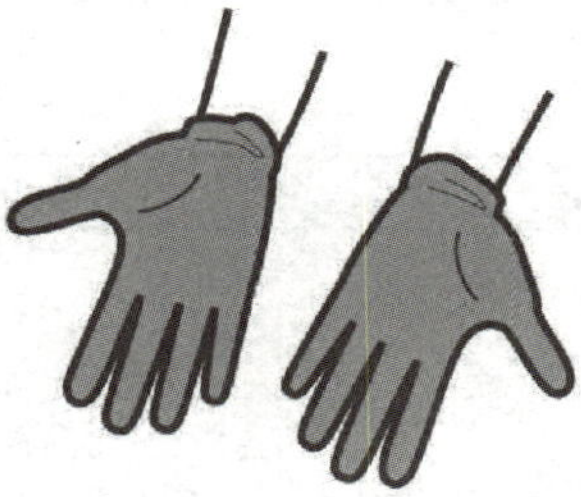
第二步	去蒂	擦干香橙，切去蒂头	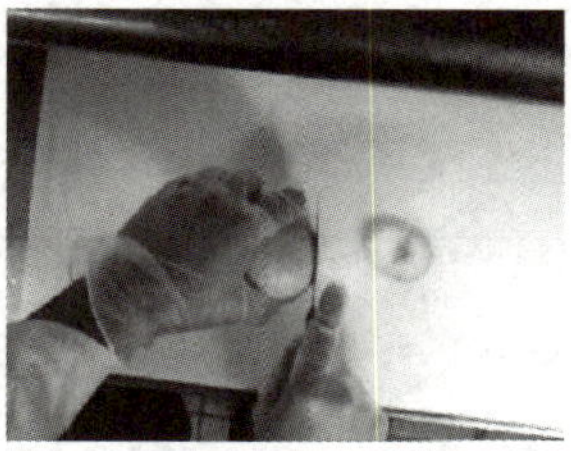
第三步	对切	将香橙纵向切成两半	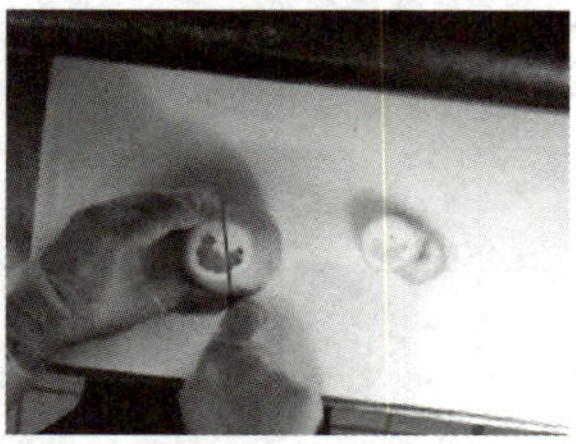
第四步	切口	在香橙中央切口	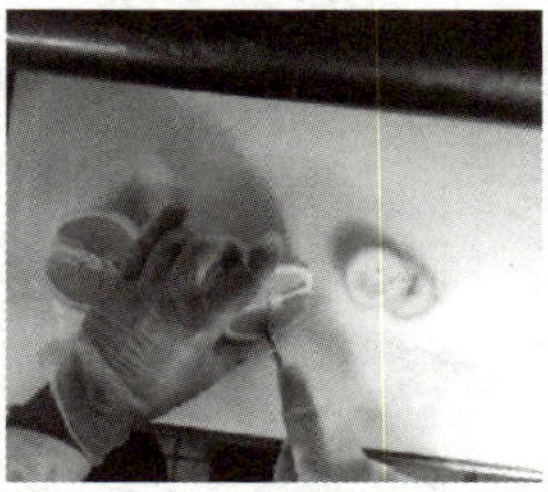
第五步	切角	将每半香橙平均切成四块	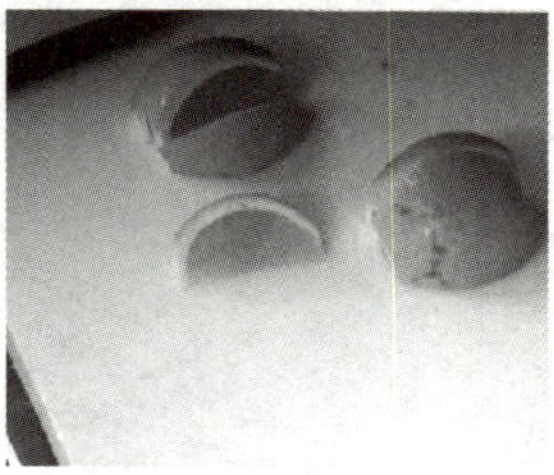
第六步	挂杯	将香橙角挂杯装饰	

四、菠萝角装饰物制作

菠萝角装饰物制作方法如表 2-33 所示。

表2-33 菠萝角装饰物制作方法

步骤	项目	操作要领	图示
第一步	准备	（1）将刀和砧板消毒。 （2）将湿布放在砧板下，防止滑动。 （3）去除水果上的标签，清洗水果。 （4）洗手。 （5）戴上手套	
第二步	剔除	切除菠萝头部和尾部	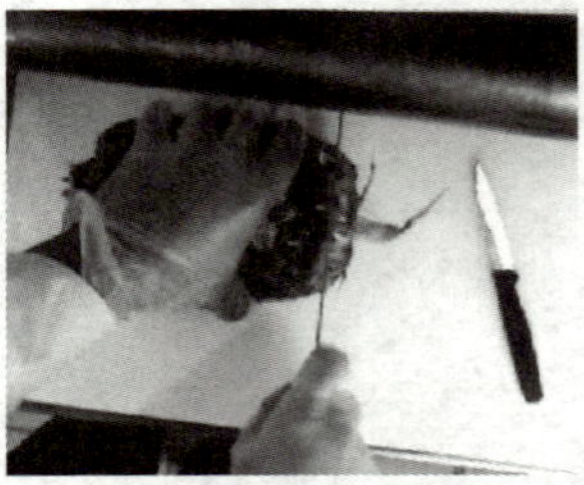
第三步	对切	将菠萝纵向切成两半	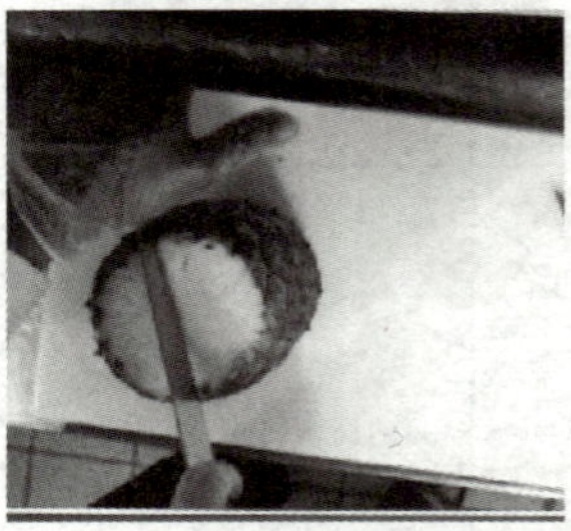
第四步	等分	根据菠萝大小，再纵向切成 2 等份或 3 等份	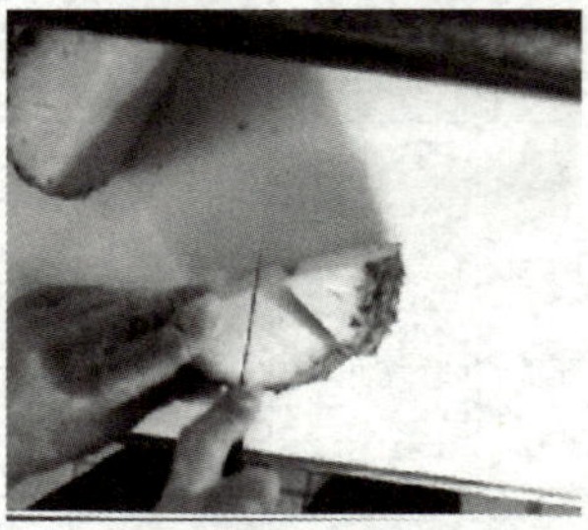
第五步	划口	将菠萝切心，在中央划口，深度约为菠萝的 1/2	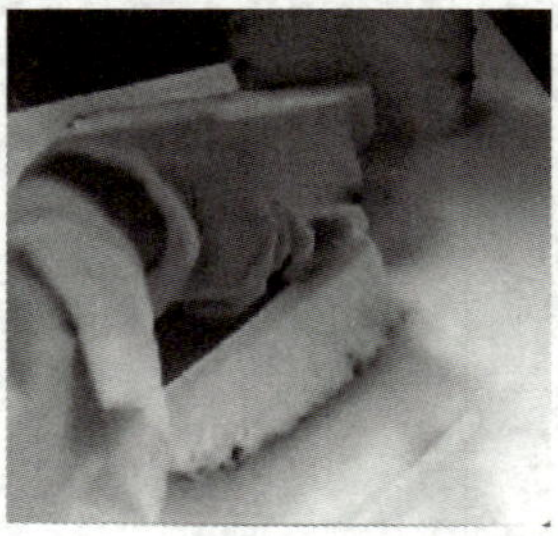

续表

步骤	项目	操作要领	图示
第六步	切片	将菠萝切成1厘米厚的片，制作成单个菠萝角	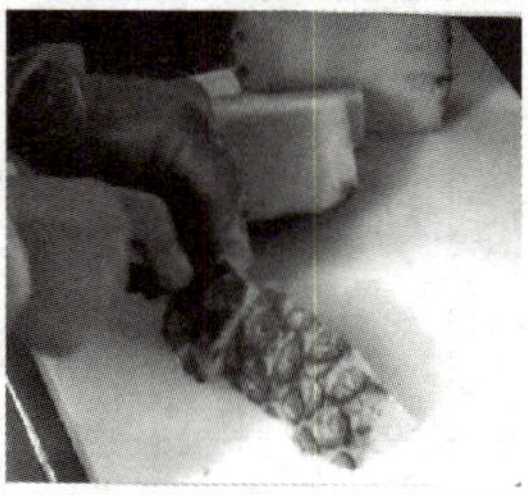
第七步	挂杯	将菠萝角挂杯装饰	

五、柠檬卷曲装饰物制作

柠檬卷曲装饰物制作方法如表2-34所示。

表2-34 柠檬卷曲装饰物制作方法

步骤	项目	操作要领	图示
第一步	准备	（1）将刀和砧板消毒。 （2）将湿布放在砧板下，防止滑动。 （3）去除水果上的标签，清洗水果。 （4）洗手。 （5）戴上手套	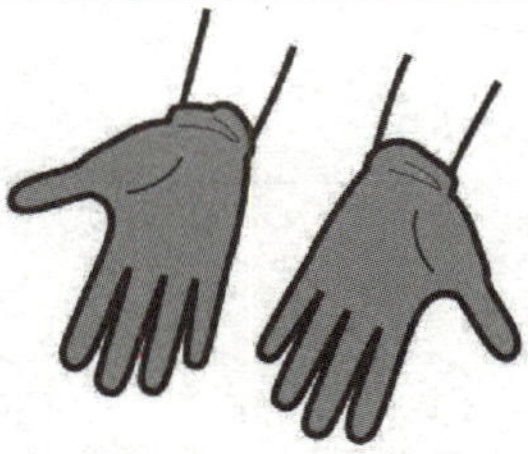
第二步	切片	取一个新鲜的柠檬，从柠檬最厚的部分切下一个约0.3厘米厚的片	
第三步	开口	沿切片半径切口	

续表

步骤	项目	操作要领	图示
第四步	分离	用刀尖沿着皮肉之间的白膜,小心翼翼地将柠檬皮与肉分离	
第五步	去肉	把柠檬皮上的果肉切掉,这样就有了一条很长很薄的柠檬皮	
第六步	剔膜	将白膜从柠檬皮条上剔掉	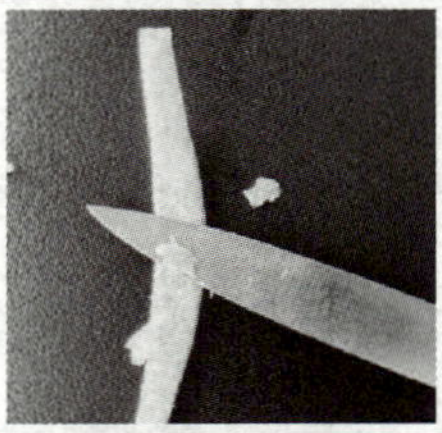
第七步	修剪	修剪柠檬条边缘,使其具有统一的宽度	
第八步	卷曲	用手扭转柠檬皮条,将柠檬皮拧成卷曲的Q形	
第九步	挂杯	用柠檬皮条装饰鸡尾酒	

六、香橙旗、菠萝旗装饰物制作

香橙旗、菠萝旗是用鸡尾酒签把樱桃、香橙角或片、菠萝角串在一起、挂杯的装饰物。详见图2-21。

图2-21　香橙旗、菠萝旗装饰物

小经验：邮轮酒吧制作装饰物的原料应干净、新鲜，所有的装饰物应在装饰物盒内加冰存放（图2-22）。

图2-22　装饰物盒

任务评价

任务评价主要从仪容仪表、制作过程、操作卫生、学习态度和综合印象几个方面进行评价，详细内容如表2-35所示。

表2-35　"制作邮轮酒吧基础装饰物"任务评价表

项目	M 测量 / J 评判	标准名称或描述	总分/分	评分示例	得分 组	得分 组	得分 组
仪容仪表	M	制服干净整洁，熨烫挺括，合身，符合行业标准	1	Y/N			
	M	鞋子干净且符合行业标准	1	Y/N			
	M	男士修面，胡须修理整齐；女士淡妆，身体部位没有可见标记	1	Y/N			
	M	发型符合职业要求	1	Y/N			
	M	不佩戴过于醒目的饰物	0.5	Y/N			
	M	指甲干净整洁，不涂有色指甲油	0.5	Y/N			
	J	所有工作中站姿、走姿一般，在完成有挑战性的工作任务时仪态较差，1分；所有工作任务中站姿、走姿良好，表现专业，但是仍有瑕疵，3分；所有的工作中站姿、走姿优美，表现非常专业，5分	5	1 3 5			

续表

项目	M 测量 / J 评判	标准名称或描述	总分/分	评分示例	得分 ___组	___组	___组
制作过程	M	制作方法正确	5	Y/N			
	M	装饰物成品一致	5	Y/N			
	M	器具和材料使用完毕后复归原位	5	Y/N			
	M	操作过程中没有浪费	5	Y/N			
	J	分割部分准确	10	2 6 8 10			
	J	走刀光滑平整	10	2 6 8 10			
	J	层次清晰	10	2 6 8 10			
	J	精雕细刻	10	2 6 8 10			
操作卫生	M	讲究个人卫生	5	Y/N			
	M	讲究场地、器皿卫生	5	Y/N			
学习态度	J	学习态度有待加强，被动学习，延时完成学习任务，5分； 学习态度较好，按时完成学习任务，10分； 学习态度认真方法多样，积极主动，15分	15	5 10 15			
综合印象	J	在所有任务中状态一般，当发现任务具有挑战性时表现为不良状态，1分； 在执行所有任务时保持良好的状态，看起来很专业，但稍显不足，3分； 在执行任务中，始终保持出色的状态标准，整体表现非常专业，5分	5	1 3 5			
		选手时间					

裁判签字： 　　　　　　　　　　　　　　　　　年　月　日

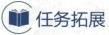 任务拓展

糖边或盐边装饰物制作方法如表 2-36 所示。

表2-36 糖边或盐边装饰物制作方法

项目	操作说明	图示
放料	将砂糖、食盐和青柠檬汁均匀撒在鸡尾酒沾边盒糖层、盐层和带海绵的果汁层里	
沾汁	右手拿杯底,将杯口在带海绵的青柠檬汁层转动一圈,使杯口沾上果汁	
沾边	左手拿杯柄,将沾有果汁的酒杯倒放在糖层或盐层里,转动一圈,使砂糖或食盐均匀沾在杯口处	

思考题

一、单项选择题

1. 血腥玛丽是一款用(　　)做装饰物的经典鸡尾酒。
   A. 迷迭香　　　　B. 马拉斯奇诺樱桃　C. 柠檬角　　　　D. 西芹
2. 用菠萝角做鸡尾酒装饰物时,通常用鸡尾酒签把菠萝角和一颗红樱桃串在一起,(　　)做装饰。
   A. 横贴于杯外侧　B. 横贴于杯内侧　C. 挂于杯口　　　D. 竖贴于杯外侧

二、多项选择题

1. 柠檬是装饰鸡尾酒不可或缺的材料,邮轮酒吧柠檬装饰物有(　　)。
   A. 柠檬角　　　　B. 柠檬片　　　　C. 柠檬卷曲　　　D. 柠檬削皮
2. 制作香橙削皮装饰物的常用工具包括(　　)。
   A. 水果刀　　　　B. Y形削皮器　　 C. 摇酒壶　　　　D. 槽刀

三、简答题

1. 简述青柠片装饰物的制作方法。
2. 简述柠檬卷曲装饰物的制作方法。

任务6　为小朋友调制与服务一杯雪莉登波

学习目标

1. 掌握雪莉登波的调制过程与服务流程。
2. 知道雪莉登波邮轮酒谱。
3. 了解碳酸饮料饮用与服务注意事项。
4. 熟悉邮轮碳酸饮料名品。

任务导入

在海洋迎风号邮轮酒吧工作的第四个月，我能对邮轮基础酒品进行装饰了，也学会了制作威士忌冰球、薄荷朱丽普冰镇杯和碗形碎冰。今天邮轮在海上航行，游客都待在船上，是一个非常忙碌的日子，首席调酒师安排我在帆船自助餐厅小试牛刀，为客人提供碳酸饮料服务，这是一次难得的对客服务机会。

知识学习

一、认识邮轮碳酸饮料

碳酸饮料是在经过纯化的饮用水中压入二氧化碳气体的饮料的总称，又称汽水，英文名 Soda。邮轮碳酸饮料名品详见表2-37。

表2-37　邮轮碳酸饮料名品

| 干姜水 | 雪碧 | 汤力水 | 胡椒水 | 苏打水 |
| 百事可乐 | 可口可乐 | 无糖雪碧 | 无糖可乐 | |

二、碳酸饮料饮用与服务注意事项

（1）饮用前需要冷藏，最佳饮用温度为 4～8℃。

（2）开瓶时不要摇动，避免饮料喷出溅洒到客人身上。

（3）碳酸饮料是混合饮料中不可缺少的辅料，在配制混合饮料时不可摇和，而是在调制时直接加入杯中。

（4）碳酸饮料在使用前要注意保质期，避免使用过期饮品。

> **小知识**：碳酸饮料中二氧化碳的作用：①饮料溢出大量二氧化碳气泡，增强人们饮用时的快感。②刺激消化液分泌，增进食欲。③饮料中二氧化碳能吸收和带走人体内部的部分热量，从而使人们感到清凉，同时收到消暑解渴的效果。

三、雪莉登波邮轮酒谱

雪莉登波邮轮酒谱如图 2-23 所示。

雪莉登波
杯具：品脱杯（Pint Glass）
调制方法：注入法
装饰物：马拉斯奇诺樱桃
配方：30 毫升红石榴糖浆、雪碧
调制过程：在加满冰块的品脱杯中注入 30 毫升红石榴糖浆，加雪碧至九分满

图 2-23　雪莉登波邮轮酒谱

任务准备

以 3～4 人为一个小组，准备原料和工具，如表 2-38 所示，采用角色扮演的方式，营造真实工作环境，以酒吧员的身份轮流为小朋友调制与服务一杯雪莉登波。

表 2-38　为小朋友调制与服务一杯雪莉登波所需原料和用具清单

| 红石榴糖浆 | 品脱杯 | 雪碧 | 量酒器 |

续表

 马拉斯奇诺樱桃	 冰桶	 冰夹	 冰铲
 冰块	 吸管	 酒吧服务纸巾	 账单夹、笔

任务实施

一、雪莉登波调制

一杯雪莉登波的调制过程如表 2-39 所示。

表 2-39　一杯雪莉登波的调制过程

步骤	项目	操作要领	图示
第一步	加冰	在品脱鸡尾酒杯中加入冰块，倒入雪碧到八分满	
第二步	放材料	用量酒器倒入30mL红石榴糖浆	

续表

步骤	项目	操作要领	图示
第三步	装饰	用镊子夹取马拉斯奇诺樱桃和吸管装饰	

二、雪莉登波服务

为小朋友服务一杯雪莉登波的流程如表2-40所示。

表2-40　服务雪莉登波的流程

步骤	项目	操作要领
第一步	检查仪容仪表	邮轮基层酒吧员每日工作前必须对自己的仪容仪表进行检查，做到制服干净整洁、熨烫挺括、合身，工鞋干净，工作中站姿、走姿优美，要有明朗的笑容
第二步	迎客	在客人靠近吧台的20～30秒内问候客人，向客人表示热烈的欢迎。可说："尊敬的男孩/漂亮的女孩，中午好，欢迎来到××餐厅，我是××，很荣幸为您服务。"
第三步	点单	（1）主动向客人推荐邮轮碳酸饮料。可说："您好，请问您想喝点碳酸饮料吗？" （2）待客人点好后，重复客人的订单以确保准确性。可说："您点的是雪莉登波，对吗？" （3）确认订单后，迅速使用客人房卡在邮轮酒吧销售电脑下单、打印二联单小票
第四步	结账	（1）用账单夹双手奉上账单，请客人在账单上签字确认，并归还收据和客人的房卡。 （2）结账完毕，向客人道谢
第五步	调制	按照表2-39调制
第六步	提供	雪莉登波调制完毕后，用酒吧服务纸巾包住酒杯中部，双手递给小朋友，并说："让您久等了，这是您需要的雪莉登波，请慢用。"
第七步	送客	可说："谢谢，欢迎再次光临。"

 任务评价

任务评价主要从仪容仪表、雪莉登波调制、雪莉登波服务、操作卫生、学习态度和综合印象几个方面进行评价，详细内容如表2-41所示。

表2-41 "为小朋友调制与服务一杯雪莉登波"任务评价表

项目	M 测量 / J 评判	标准名称或描述	总分/分	评分示例	得分 ___组	___组	___组
仪容仪表	M	制服干净整洁，熨烫挺括，合身，符合行业标准	1	Y/N			
	M	鞋子干净且符合行业标准	1	Y/N			
	M	男士修面，胡须修理整齐；女士淡妆，身体部位没有可见标记	1	Y/N			
	M	发型符合职业要求	1	Y/N			
	M	不佩戴过于醒目的饰物	0.5	Y/N			
	M	指甲干净整洁，不涂有色指甲油	0.5	Y/N			
	J	所有工作中站姿、走姿一般，在完成有挑战性的工作任务时仪态较差，1分； 所有工作任务中站姿、走姿良好，表现专业，但是仍有瑕疵，3分； 所有的工作中站姿、走姿优美，表现非常专业，5分	5	1 3 5			
鸡尾酒调制	M	所有必需用具和材料全部领取正确、可用	4	Y/N			
	M	鸡尾酒调制方法正确	4	Y/N			
	M	鸡尾酒调制过程中没有浪费	4	Y/N			
	M	鸡尾酒调制过程没有滴酒	4	Y/N			
	M	鸡尾酒成分合理	4	Y/N			
	M	鸡尾酒出品符合行业标准，约九分满	4	Y/N			
	M	操作过程注意卫生	4	Y/N			
	M	器具和材料使用完毕后复归原位	4	Y/N			
	J	对酒吧任务不自信，缺乏展示技巧，无法提供最终作品或最终作品无法饮用，2.5分； 对酒吧技巧有一定了解，展示技巧一般，提供的最终作品可以饮用，5分； 对任务充满自信，对酒吧技巧的了解较多，作品呈现与装饰物展现较好，7.5分； 对任务非常有自信，与宾客有较好的交流，酒吧技术知识丰富，作品呈现优秀，装饰物完美，10分	10	2.5 5 7.5 10			
鸡尾酒服务	M	礼貌地迎接、送别客人	4	Y/N			
	M	服务的鸡尾酒与客人点单一致	4	Y/N			
	J	全程没有或较少使用英文，2.5分； 全程大部分使用英文，但不流利，5分； 全程使用英文，较为流利，但专业术语欠缺，7.5分； 全程使用英文，整体流利，使用专业术语，10分	10	2.5 5 7.5 10			
	J	在服务过程中没有互动，没有解释和服务风格，2.5分； 在服务过程中有一些互动，对鸡尾酒有介绍，具有适当的服务风格，5分； 在服务过程中有良好自信，对鸡尾酒的原料和创意有基本的介绍，有良好的互动，在服务过程中始终如一，7.5分； 与宾客有极好的互动，对鸡尾酒原料有清晰的介绍，清楚讲解鸡尾酒创意，展示高水准的服务技巧，10分	10	2.5 5 7.5 10			

续表

项目	M 测量 / J 评判	标准名称或描述	总分/分	评分示例	得分 ___组	___组	___组
学习态度	J	学习态度有待加强，被动学习，延时完成学习任务，5 分； 学习态度较好，按时完成学习任务，10 分； 学习态度认真，方法多样，积极主动，15 分	15	5 10 15			
综合印象	J	在所有任务中状态一般，当发现任务具有挑战性时表现为不良状态，1 分； 在执行所有任务时保持良好的状态，看起来很专业，但稍显不足，3 分； 在执行任务中，始终保持出色的状态标准，整体表现非常专业，5 分	5	1 3 5			
		选手用时					

裁判签字：　　　　　　　　　　　　　　　　　　　　　　年　月　日

任务拓展

酒谱

酒谱就是调酒的操作说明书，邮轮酒谱包含五个部分：杯具、调制方法、装饰物、材料、调制过程，调制过程中的 Top with coke 指在顶部加入少许可乐。

思考题

一、单项选择题

1. 根据邮轮酒谱，调制雪莉登波，所使用的载杯应该是（　　）。
   A. 古典杯　　　　B. 葡萄酒杯　　　　C. 鸡尾酒杯　　　　D. 品脱杯
2. 根据邮轮酒谱，调制 Shirley Temple，所使用调制方法是（　　）。
   A. 摇和法　　　　B. 注入法　　　　C. 搅和法　　　　D. 漂浮法
3. 为小朋友调制一杯雪莉登波时，（　　）是酒吧员给小朋友的第一印象。
   A. 文化水平　　　B. 仪容仪表　　　C. 专业技术　　　D. 职业道德

二、多项选择题

1. 雪莉登波是一款经典无酒精鸡尾酒，其装饰物是（　　），成分包括（　　）。
   A. 马拉斯奇诺樱桃　B. 绝对伏特加　　C. 红石榴糖浆　　D. 雪碧
2. 邮轮碳酸饮料名品包括（　　）。
   A. 干姜水　　　　B. 苏打水　　　　C. 岛屿绿洲　　　D. 美汁源

三、简答题

1. 邮轮碳酸饮料名品有哪些？至少说出 6 种。
2. 简述碳酸饮料饮用与服务的注意事项。

任务7　矿泉水服务

学习目标

1. 掌握邮轮酒吧矿泉水服务程序。
2. 知道托盘和酒刀开瓶器的使用方法。
3. 了解矿泉水服务要领。
4. 熟悉邮轮著名矿泉水。

任务导入

在海洋迎风号邮轮酒吧工作已有5个月了,我能为客人调制与服务碳酸饮料了,经过150天的高强度工作和学习,还有1个月我就要回国休假了,我真的很想念家人和朋友。令人兴奋的是我的出色表现得到了首席调酒师杰克逊·布莱恩和调酒师领班安东尼的认可,他们在邮轮假期之前向酒水部经理马尔基推荐下个合同期让我升职酒吧服务员,马尔基已经向邮轮总部打了报告,并亲自安排我学习矿泉水服务,真的很感激他们!

知识学习

一、认识矿泉水

矿泉水是从地下深处自然涌出的或经人工开采的、未受污染的地下矿水。它含有一定量的矿物盐、微量元素或二氧化碳气体。

矿泉水分为天然矿泉水和人造矿物质水两大类。

1. 天然矿泉水:天然矿泉水是指从地下深处自然涌出的或经钻井采集的,含有一定量的矿物盐、微量元素或其他成分,在一定区域未受污染并采取预防措施避免污染的水。

2. 人造矿物质水:人造矿物质水以城市自来水为原水,经过纯净化加工,再添加矿物质,杀菌处理后灌装而成。

二、邮轮著名矿泉水

邮轮著名矿泉水详见表2-42。

表 2-42　邮轮著名矿泉水

| 巴黎矿泉水 | 依云矿泉水 | 阿波林娜利斯矿泉水 | 圣培露矿泉水 |

M2-9　邮轮著名矿泉水概述

任务准备

以 3～4 人为一个小组，准备原料和工具，如表 2-43 所示，采用角色扮演的方式，营造真实工作环境，以酒吧员的身份轮流向游客提供依云矿泉水。

表 2-43　向游客提供依云矿泉水所需原料和用具清单

| 依云矿泉水 | 柯林杯 | 柠檬片 | 冰夹 |
| 酒吧服务纸巾 | 托盘 | 小碟 | |

任务实施

向游客提供依云矿泉水的流程，如表 2-44 所示。

表 2-44　向游客提供依云矿泉水的流程

步骤	项目	操作要领	图示
第一步	准备	在池畔酒吧后吧准备柯林杯、柠檬片和冰夹等服务用具，凭小票从池畔酒吧后吧吧台领取依云矿泉水，放在托盘上，走到客人座位前，在客人右边服务	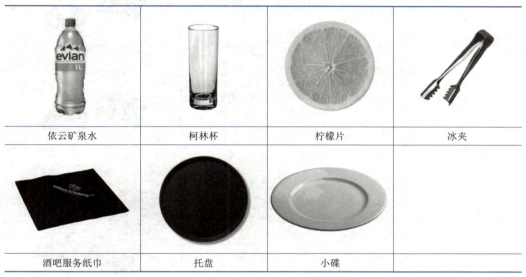

续表

步骤	项目	操作要领	图示
第二步	提供纸	把两张酒吧服务纸巾摆放在客人面前的桌子上，图案正对客人	
第三步	提供酒杯	把柯林杯放在客人右手边的纸巾上；大声报出矿泉水的名称，向客人确认品牌并询问是否打开	
第四步	提供矿泉水	商标正对客人，把矿泉水倒入杯中至八分满，然后将矿泉水瓶子商标正对客人，摆放在另一张服务纸巾上	
第五步	提供柠檬	询问客人是否需要柠檬，若需要，则将柠檬用冰夹放入杯中；并说："尊敬的先生/漂亮的女士，让您久等了，这是您需要的矿泉水，请慢用！"	
第六步	巡台	随时留意客人杯中的矿泉水，当水被喝掉二分之一的时候，主动为客人倒入剩余的矿泉水，询问客人是否需要再来一瓶	
第七步	收台	（1）客人离开后，整理客人桌子上的空酒杯、空瓶、柠檬和垃圾。空酒杯放入洗杯机中清洗，柠檬、空瓶和垃圾做分类处理。 （2）清洁桌子，重新安排座位，恢复到开吧营业的状态	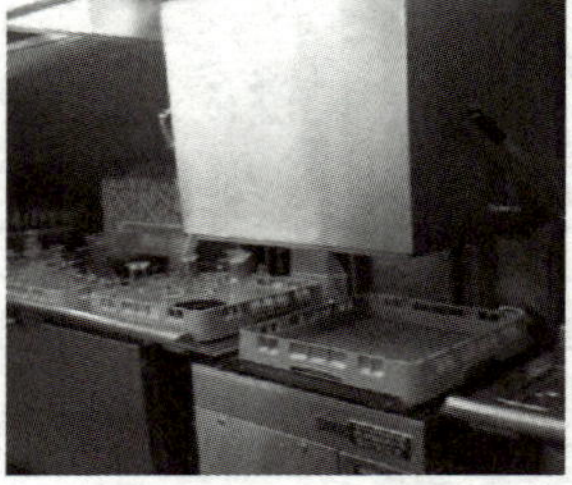

任务评价

任务评价主要从仪容仪表、服务程序、学习态度和综合印象几个方面进行评价，详细内容如表 2-45 所示。

项目二 初来乍到——做一名邮轮基层酒吧员 073

表2-45 "矿泉水服务"任务评价表

项目	M 测量 / J 评判	标准名称或描述	总分/分	评分示例	得分 ___组	___组	___组
仪容仪表	M	制服干净整洁，熨烫挺括，合身，符合行业标准	1	Y/N			
	M	鞋子干净且符合行业标准	1	Y/N			
	M	男士修面，胡须修理整齐；女士淡妆，身体部位没有可见标记	1	Y/N			
	M	发型符合职业要求	1	Y/N			
	M	不佩戴过于醒目的饰物	0.5	Y/N			
	M	指甲干净整洁，不涂有色指甲油	0.5	Y/N			
	J	所有工作中站姿、走姿一般，在完成有挑战性的工作任务时仪态较差，1分；所有工作任务中站姿、走姿良好，表现专业，但是仍有瑕疵，3分；所有的工作中站姿、走姿优美，表现非常专业，5分	5	1 3 5			
服务程序	M	礼貌地迎接、送别客人	5	Y/N			
	M	服务的矿泉水与客人点单一致	5	Y/N			
	M	所有必需用具和材料全部领取正确、可用	5	Y/N			
	M	服务方法正确、技巧熟练	5	Y/N			
	M	服务过程中没有滴洒	5	Y/N			
	M	操作过程注意卫生	5	Y/N			
	M	器具使用完毕后复归原位	5	Y/N			
	J	全程没有或较少使用英文，4分；全程大部分使用英文，但不流利，8分；全程使用英文，较为流利，但专业术语欠缺，12分；全程使用英文，整体流利，使用专业术语，15分	15	4 8 12 15			
	J	在服务过程中没有互动，没有解释和服务风格，5分；在服务过程中有一些互动，对矿泉水有介绍，具有适当的服务风格，10分；在服务过程中有良好自信，对矿泉水的相关知识有基本的介绍，有良好的互动，在服务过程中始终如一，15分；与宾客有极好的互动，对矿泉水相关知识有清晰的介绍，清楚讲解矿泉水产地、口感，展示高水准的服务技巧，20分	20	5 10 15 20			
学习态度	J	学习态度有待加强，被动学习，延时完成学习任务，5分；学习态度较好，按时完成学习任务，10分；学习态度认真方法多样，积极主动，15分	15	5 10 15			
综合印象	J	在所有任务中状态一般，当发现任务具有挑战性时表现为不良状态，1分；在执行所有任务时保持良好的状态，看起来很专业，但稍显不足，3分；在执行任务中，始终保持出色的状态标准，整体表现非常专业，5分	5	1 3 5			
		选手用时					

裁判签字：　　　　　　　　　　　　　　　　　　　　　　年　　月　　日

任务拓展

一、托盘

托盘是酒吧服务人员在营业前开吧摆台准备、营业中提供酒水和小食服务、营业后收台清理时运送各种物品的一种基本服务工具（图2-24）。正确有效地使用托盘是每一位酒吧服务人员在工作中必须掌握的基本服务技能。托盘的使用方法详见表2-46。

图2-24　托盘

表2-46　托盘的使用方法

项目	操作说明	图示
理托	用干净的擦杯布将托盘清理干净，无水渍，无杂物	
装托	将高的、重的、后用的物品放在靠后的位置，即靠近身体的一侧；将矮的、轻的、先用的物品放在托盘靠前的位置	
起托	左手扶着托盘边缘，右手将托盘拉出三分之二，左手五指分开呈六点支撑，放在托盘下边，右手扶着托盘，中心掌握好后松开右手	

续表

项目	操作说明	图示
行走	头正,颈直,目视前方,面带微笑,靠着走廊右侧行走。如遇客人,侧身过去,右手做护托动作并点头示意问好	
落托	右手扶着托盘边缘,左手撤出,将托盘三分之一放在备餐柜上,右手缓缓将托盘推进去	
归位	将托盘平稳放于备餐柜上,将托盘内高的、重的、后用的物品摆放在备餐柜台面靠后的位置,将矮的、轻的、先用的放在靠前的位置,并将托盘放回原位	

二、开瓶器

海马刀号称"开瓶器(Opener)之王"(图2-25),选用优质不锈钢和中碳钢制成,它主要由啤酒开、螺丝钻和带锯齿的小刀三个主要部分组成。它美观轻便,使用方便,是一种开启

图2-25 开瓶器

快捷、携带安全方便的啤酒和葡萄酒两用开瓶器。酒刀开瓶器使用方法详见图2-26。

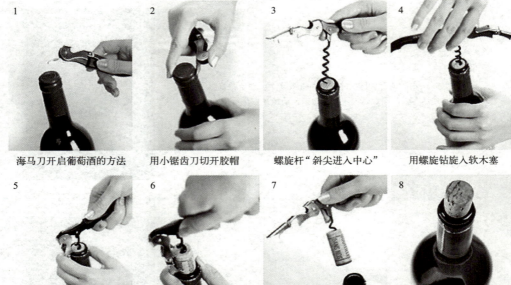

图2-26 酒刀开瓶器使用方法

思考题

一、单项选择题

1. 矿泉水服务所需的原料是（　　）。
   A. 糖　　　　　　B. 柠檬片　　　　　C. 香橙片　　　　D. 冰
2. 酒刀开瓶器是一种开启快捷、携带安全方便的（　　）和葡萄酒两用开瓶器。
   A. 啤酒　　　　　B. 矿泉水　　　　　C. 碳酸饮料　　　D. 果汁
3. 托盘是酒吧服务人员在营业前开吧摆台准备、营业中提供酒水和小食服务、营业后收台清理时运送各种物品的一种基本（　　）工具。
   A. 服务　　　　　B. 调酒　　　　　　C. 摆台　　　　　D. 清理

二、多项选择题

1. 矿泉水服务所需的用具包括（　　）。
   A. 海波杯　　　　　　　　　　　　　B. 冰夹
   C. 酒吧服务纸巾　　　　　　　　　　D. 柠檬片
2. 矿泉水是从地下深处自然涌出的或经人工开采的、未受污染的地下矿水，含有一定量的（　　）。
   A. 矿物盐　　　　　　　　　　　　　B. 微量元素

C. 二氧化碳气体 D. 氨基酸

3. 邮轮酒吧著名矿泉水有（   ）。

A 巴黎矿泉水 B. 阿波林娜利斯矿泉水

C. 圣培露矿泉水 D. 新的

三、简答题

1. 简述托盘的使用方法。

2. 简述酒刀开瓶器的使用方法。

项目三　走进酒吧去服务
——成为一名邮轮酒吧服务员

项目概述

本项目从学习啤酒服务、学会啤酒基础知识和认识邮轮著名啤酒入手，首先让读者对邮轮酒吧服务员所需知识和技能有初步了解，然后通过葡萄酒、白兰地、威士忌、金酒、伏特加、朗姆酒、特基拉、开胃酒和利口酒服务，让读者掌握邮轮酒吧服务员的工作流程和服务规范，最后对邮轮酒水基础知识及名品进行详细介绍。

项目目标

► 知识目标

1. 能识别邮轮酒吧各类酒水。
2. 能解说啤酒、葡萄酒、白兰地、威士忌、金酒、伏特加、朗姆酒、特基拉、开胃酒和利口酒的服务程序。
3. 能说出啤酒、葡萄酒、白兰地、威士忌、金酒、伏特加、朗姆酒、特基拉、开胃酒和利口酒背后的故事和知识。

► 能力目标

能够正确、规范使用调酒和服务工具，运用正确的调酒计量、调酒和服务技巧，选择正确的酒杯，制作正确的装饰物为客人提供啤酒、葡萄酒、白兰地、威士忌、金酒、伏特加、朗姆酒、特基拉、开胃酒和利口酒服务。

► 素质目标

1. 培养学生规范操作的意识。
2. 培养学生热情友好、宾客至上的工作态度。
3. 通过学习酒水背后的故事和知识，丰富学生文化知识。
4. 培养重视安全卫生、保证出品优良的高度责任心。
5. 培养精技、学而不厌的工匠精神。
6. 培养爱岗敬业、诚实守信、遵纪守法、廉洁奉公的职业道德。

任务1　啤酒服务

学习目标

1. 掌握邮轮啤酒服务程序。
2. 知道邮轮啤酒的基础知识。
3. 了解邮轮啤酒鉴别和饮用标准。
4. 熟悉邮轮著名啤酒。

任务导入

相传，数千年前的人们偶然间发现了被雨浸泡过的野生大麦，大麦自然发酵成带有气泡的液体。有人冒险尝试了一下，发现这种液体甜甜的，喝完之后让人兴奋，于是最早的啤酒就这么诞生了。

知识学习

M3-1　啤酒饮用与服务

一、啤酒的概念

啤酒是以麦芽、啤酒花、香料和药草、水为主要原料，经酵母发酵酿制的酒精饮料，英语称 Beer。啤酒含有人体所需的多种氨基酸和维生素，具有很高的营养价值，因此又有"液体面包"的美名。

二、啤酒的酿造过程

啤酒的酿造过程如图 3-1 所示。

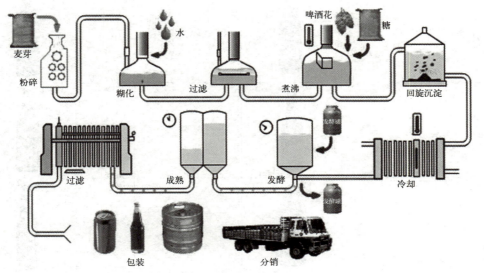

图3-1　啤酒的酿造过程

三、啤酒的种类

啤酒按灭菌方法可分为熟啤和生啤，详见表 3-1。

表 3-1　啤酒按灭菌方法分类

类别	概述
熟啤	是经过了巴氏杀菌的啤酒，酒中的酵母已被杀死，不会继续发酵，稳定性好，保质期可长达 90 天及以上，而且便于运输，但口感不如鲜啤酒
生啤	又称"鲜啤酒"，不经过巴氏灭菌法处理，因啤酒中保存了一部分营养丰富的酵母菌，所以口味鲜美，但常温下不能长时间存放，低温下可保存 7 天左右

四、邮轮著名啤酒

邮轮著名啤酒品牌如表 3-2 所示。

表 3-2　邮轮著名啤酒品牌

品名	产地	图示	品名	产地	图示
银子弹	美国		贝克斯	德国	
百威铝制瓶	美国		欧杜无酒精啤酒	美国	
阿姆斯特淡啤	荷兰		巴克洛无酒精啤酒	荷兰	
喜力	荷兰		佩罗尼	意大利	
红条啤酒	牙买加		皮尔森	捷克	

续表

品名	产地	图示	品名	产地	图示
时代	比利时		福斯特油	澳大利亚	
斯巴登	德国		巴斯啤酒	英格兰	
健力士生啤	爱尔兰		宝汀顿	英格兰	
蓝色的月亮比利时啤酒	美国		生力	菲律宾	
斯米洛夫预调酒	美国		虎啤	新加坡	
麒麟淡啤	日本		嘉士伯	丹麦	
科罗拉	墨西哥		青岛啤酒	中国	

任务准备

以3~4人为一个小组,准备原料和工具,如表3-3所示,采用角色扮演的方式,营造真实工作环境,以酒吧服务员的身份轮流进行啤酒服务。

表3-3　啤酒服务所需原料和用具清单

 啤酒	 高脚皮尔森啤酒杯	 酒吧服务纸巾
 开瓶器	 咖啡杯底碟	托盘

任务实施

啤酒服务程序，如表3-4所示。

表3-4　啤酒服务程序

步骤	项目	操作要领	图示
第一步	准备	从精酿啤酒屋冰杯机中取出高脚皮尔森啤酒杯，凭小票从吧台领取冰镇啤酒，放在托盘上，走到客人座位前，在客人右边服务	
第二步	上杯	把一张酒吧服务纸巾摆放在客人面前的桌子上，图案正对客人，把冰镇啤酒杯放在靠近客人右手边的纸巾上，大声报出啤酒的名称，向客人确认品牌并询问是否打开	
第三步	开瓶	两段式开瓶法：用开瓶器第一次先打开瓶盖的1/2，让瓶中压力先释放，也可避免啤酒漫出四溢，再完全将瓶盖打开；若是易拉罐式啤酒，也建议分两次打开拉环	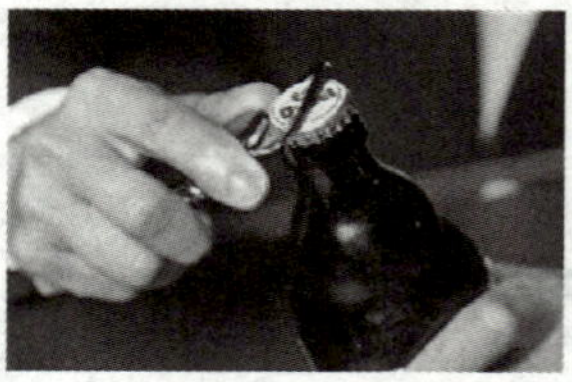

续表

步骤	项目	操作要领	图示
第四步	倾斜倒酒	将开罐/开瓶后的啤酒顺着冰镇啤酒杯沿倒出，速度放慢，避免啤酒香气迅速散失	
第五步	垂直倒酒	商标正对客人，倒入啤酒，至约五分满时，再将杯子扶正，继续倒至七分满，这样啤酒与泡泡有充裕的时间与空气接触，口感与香气与迅速倒出的大大不同	
第六步	服务	可对客人说："尊敬的××先生/漂亮的××女士，让您久等了，这是您需要的啤酒，请慢用！"	
第七步	巡台	随时留意客人的啤酒，当杯中啤酒被喝掉三分之二的时候，主动询问客人是否需要再来一瓶	
第八步	收台	客人离开后，清理客人桌子上的空酒杯、空酒瓶和垃圾。空酒杯、空酒瓶和垃圾收回酒吧清洗间，空酒杯放入洗杯机中清洗，装饰物、空酒瓶和垃圾做分类处理；清洁桌子，重新安排座位，恢复到开吧营业的状态	

任务评价

任务评价主要从仪容仪表、服务程序、学习态度和综合印象几个方面进行评价，详细内容如表 3-5 所示。

表3-5 "啤酒服务"任务评价表

项目	M 测量 / J 评判	标准名称或描述	总分/分	评分示例	得分 ___组	得分 ___组	得分 ___组
仪容仪表	M	制服干净整洁，熨烫挺括，合身，符合行业标准	1	Y/N			
	M	鞋子干净且符合行业标准	1	Y/N			
	M	男士修面，胡须修理整齐；女士淡妆，身体部位没有可见标记	1	Y/N			
	M	发型符合职业要求	1	Y/N			
	M	不佩戴过于醒目的饰物	0.5	Y/N			
	M	指甲干净整洁，不涂有色指甲油	0.5	Y/N			
	J	所有工作中站姿、走姿一般，在完成有挑战性的工作任务时仪态较差，1分；所有工作任务中站姿、走姿良好，表现专业，但是仍有瑕疵，3分；所有的工作中站姿、走姿优美，表现非常专业，5分	5	1 3 5			
服务程序	M	礼貌地迎接、送别客人	5	Y/N			
	M	服务的酒品与客人点单一致	5	Y/N			
	M	所有必需用具和材料全部领取正确、可用	5	Y/N			
	M	服务方法正确、技巧熟练	5	Y/N			
	M	服务过程中没有滴洒	5	Y/N			
	M	操作过程注意卫生	5	Y/N			
	M	器具使用完毕后复归原位	5	Y/N			
	J	全程没有或较少使用英文，4分；全程大部分使用英文，但不流利，8分；全程使用英文，较为流利，但专业术语欠缺，12分；全程使用英文，整体流利，使用专业术语，15分	15	4 8 12 15			
	J	在服务过程中没有互动，没有解释和服务风格，5分；在服务过程中有一些互动，对酒品有介绍，具有适当的服务风格，10分；在服务过程中有良好自信，对酒品知识有基本的介绍，有良好的互动，在服务过程中始终如一，15分；与宾客有极好的互动，对酒品知识有清晰的介绍，清楚讲解酒品原料、产地、酒精度等，展示高水准的服务技巧，20分	20	5 10 15 20			
学习态度	J	学习态度有待加强，被动学习，延时完成学习任务，5分；学习态度较好，按时完成学习任务，10分；学习态度认真，方法多样，积极主动，15分	15	5 10 15			
综合印象	J	在所有任务中状态一般，当发现任务具有挑战性时表现为不良状态，1分；在执行所有任务时保持良好的状态，看起来很专业，但稍显不足，3分；在执行任务中，始终保持出色的状态标准，整体表现非常专业，5分	5	1 3 5			
选手用时							

裁判签字：　　　　　　　　　　　　　　　　　　　　　　　　　　年　　月　　日

📖 任务拓展

一、啤酒鉴别

（1）泡沫：是衡量啤酒质量的标准之一，持久挂杯保持 4 分钟以上者为佳品。
（2）颜色：清澈透明。
（3）香气：浓郁的酒花香和麦芽清香。
（4）口味：入口纯正清爽、柔和，有沁人心脾的芳香。

二、啤酒饮用

（1）饮用啤酒应该用符合要求的啤酒杯。各种古典式或现代流行的啤酒杯、比尔森杯、手柄杯等是酒吧必备的专用啤酒杯，如图 3-2 所示。

图3-2　专用啤酒杯

（2）啤酒的最佳饮用温度为 4～5℃，过冰会造成身体不适。
（3）啤酒一旦开瓶，要一次喝完，不宜细品慢酌，否则酒升温会加重苦味。
（4）不要在有剩啤酒的杯内倒入新开瓶的啤酒，这样会破坏新啤酒的味道，最好的办法是喝完之后再倒。
（5）啤酒不建议冷冻保存，瞬间冰冷会影响风味；啤酒也不可二次冷藏，否则不但影响风味且会变苦。
（6）泡泡：啤酒泡泡约占啤酒杯的 1/5，泡泡的主要作用是保持啤酒的温度与鲜度，让啤酒的温度不会下降过快，且能保持香气与冰冷的口感。但啤酒泡泡并非越多越好，过多的泡泡会在饮用时遮盖啤酒原有的香气与口感。

📄 思考题

一、单项选择题

1. 啤酒有（　　）的美称。
A. 生命之水　　　　B. 鸡尾酒心脏　　　C. 液体面包　　　D. 泡沫之水
2. 啤酒的最佳饮用温度为（　　）℃，过冰会造成身体不适。
A. 4～5　　　　　　B. -1～0　　　　　　C. 10～12　　　　D. 8～10
3. 提供啤酒服务时，要使泡泡约占啤酒杯的（　　），泡泡的主要作用是保持啤酒的温度与鲜度。
A. 1/5　　　　　　 B. 1/2　　　　　　　C. 1/4　　　　　　D. 3/4

4. 巴斯啤酒产于（　　）。
A. 匈牙利　　　　B. 捷克　　　　C. 英国　　　　D. 新加坡

二、多项选择题

酿造啤酒的原料包括（　　）。啤酒的特殊滋味和特色来自啤酒花、香料和药草，而水是保证啤酒质量的主要因素，一般来说，软水适于酿造淡啤，硬水适于酿造浓啤。

A. 麦芽　　　　B. 啤酒花　　　　C. 糖　　　　D. 水

三、简答题

1. 简述精酿生啤酒的服务程序。
2. 邮轮酒吧知名的啤酒有哪些？至少说出 10 种。
3. 如何鉴别啤酒的质量？

任务2　葡萄酒服务

学习目标

1. 掌握邮轮葡萄酒服务程序。
2. 知道邮轮葡萄酒的基础知识。
3. 了解葡萄酒品鉴与评价标准。
4. 熟悉邮轮葡萄酒等级分类及名品。

任务导入

开船了，船离开港口不远，各层甲板的客人们纷纷拿起相机拍照，有灿烂的阳光、深蓝色的海水、雪白的五帆背景、代表现代都市的高楼群，我站在葡萄酒吧内期待着这一次美好的旅行。这个航程的重头戏是胡巴德冰川，胡巴德冰川是阿拉斯加最长的浪潮型冰川，冰川发源于近 4000 米的高山，全长 122 千米，入海部分宽达 4 千米，高 100 多米。与阿拉斯加其他冰川近一个世纪来都在变小不同，胡巴德冰川一直在扩张成长。接下来的两个航程我轮岗到葡萄酒吧工作。

M3-2　葡萄酒基础知识与服务

知识学习

一、了解葡萄酒基础知识

根据国际葡萄与葡萄酒组织的规定，葡萄酒只能是破碎或未破碎的新鲜葡萄果实或葡萄汁经完全或部分酒精发酵后获得的饮料，其酒精度不能低于 8.5 度。在发酵的过程中，葡萄汁内的糖分会转化为二氧化碳和酒精，最终酿成葡萄酒。

（一）葡萄酒种类

葡萄酒可按酒的颜色、含糖量、酿造工艺分类，详见表3-6。

表3-6 葡萄酒种类

划分标准	类别	概述
颜色	红葡萄酒	用红色或紫色葡萄为原料，压榨后，采用皮汁混合的方式发酵而成。葡萄皮中的色素与丹宁在发酵过程中溶于酒中，因此酒色呈暗红或红色，酒液澄清透明，含糖量较多，酸度适中，口味甘美，微酸带涩
	白葡萄酒	用葡萄皮红汁白或皮汁皆白的葡萄为原料，将葡萄先挤压成汁，经过皮汁分离，再将汁单独发酵制成。由于葡萄的皮与汁分离，而且色素大部分存在于果皮中，故白葡萄酒色泽淡黄，酒液澄清透明，含糖量高于红葡萄酒，酸度稍高，口味纯正，甜酸爽口
	桃红葡萄酒	介于红葡萄酒和白葡萄酒之间的粉红色的葡萄酒，红葡萄经过压榨后连皮发酵，发酵一段时间后酒变成桃红色就将酒和皮分离，所以单宁味（涩味）不是很强，果香浓郁
含糖量	干葡萄酒	含糖量在4克/升以下，一般尝不出甜味
	半干葡萄酒	含糖量为4～12克/升，有微弱的甜味
	半甜葡萄酒	含糖量为12～50克/升，有明显的甜味
	甜葡萄酒	含糖量在50克/升以上，有浓厚的甜味
酿造工艺	静止葡萄酒	通常指的是在20℃时，二氧化碳压力小于0.05MPa的葡萄酒，这种葡萄酒几乎不含二氧化碳，是市面上最常见的一种葡萄酒
	起泡酒	通常指的是在20℃时，二氧化碳压力大于或等于0.05MPa的葡萄酒，其中香槟就是最典型的代表
	酒精强化葡萄酒	发酵时加入酒精中止发酵，从而保留糖分的葡萄酒，代表是波特酒、西班牙雪莉

（二）认识著名葡萄品种

全世界有超过8000种可以酿酒的葡萄，但可以酿制上好葡萄酒的葡萄只有50种左右，可以分为白葡萄和红葡萄两种。

1. 白葡萄品种：白葡萄品种如表3-7所示。

表3-7 白葡萄品种

名称	特征
莎当妮	寒冷气候条件下具有较高酸度和柑橘类果香甚至花香，温和气候条件下具有梨、苹果、桃、无花果等香气，炎热气候条件下具有热带水果香气
白苏维浓	在全世界广泛种植，近年来以新西兰出产的最为著名。用该葡萄酿的干白一般以药草或青草香，以及热情果等的香气为主，酸度大、清新爽口
雷司令	主要产区是德国、法国，青涩的雷司令带有柠檬、柚子和小白花的香气，酸度较高；老熟的雷司令则会带有特殊的汽油味道，这种味道是某些品酒师判断老熟雷司令的依据
莫斯卡托	是皮埃蒙特最著名的白葡萄品种，是阿斯蒂莫斯卡托和阿斯蒂起泡酒的主要原料，可以酿造成口感甘甜、香气芬芳的起泡酒和微泡酒，酒中带有明显的花香和葡萄皮的香气，酒精度通常较低

2. 红葡萄品种：红葡萄品种如表3-8所示。

表3-8 红葡萄品种

名称	特征
赤霞珠	成熟较晚,并且需要在橡木桶中或酒瓶中进行陈年,如与梅洛葡萄混合则口味最佳。口味特征:青辣椒味、薄荷味、黑巧克力味、烟草味、橄榄味
美乐	酿制的葡萄酒更为柔和,果汁味浓,较为早熟。口味特征:李子和玫瑰的味道浓,更加麻辣,具有丰富的水果蛋糕味,薄荷味较淡
西拉	欧亚种,原产于法国;果粒呈圆形,紫黑色,着色好;通常带果梗发酵,葡萄酒质量极佳,呈深宝石红色,香气浓郁,有堇菜、樱桃、覆盆子的香味
黑皮诺	是公认难以栽植的葡萄品种,其果粒虽成熟较早,但脆弱、皮薄、易腐烂。口味特征:木莓味、草莓味、樱桃味、紫罗兰味、玫瑰和野味

二、法国葡萄酒

法国葡萄酒品质和种类为世界之冠,有"葡萄酒王国"之誉。

(一)法国葡萄酒等级分类

在法国,为了保证产地葡萄酒的优良品质,产品必须经过严格的审查后方能冠以原产地的名称,这就是《原产地命名控制法》,简称AOC法。根据AOC法,法国葡萄酒的等级分类如表3-9所示。

表3-9 法国葡萄酒的等级分类

分类等级	概述	酒标
日常餐酒	日常餐酒可以由不同地区的葡萄汁勾兑而成,不得用欧盟外国家的葡萄汁,产量约占法国葡萄酒总产量的38%,酒瓶标签标示为"Vin de Table"	
地区餐酒	地区餐酒的产地必须与标签上所标示的特定产区一致,而且要使用被认可的葡萄品种。最后,还要通过专门的法国品酒委员会核准,酒瓶标签标示为"Vin de Pays+产区名"	
优良地区餐酒	优良地区餐酒是普通地区餐酒向AOC级别过渡所必须经历的级别。如果在VDQS时期酒质良好,则会升级为AOC。VDQS产量只占法国葡萄酒总产量的2%,酒瓶标签标示为"Vins Deimites de Qualite Supenieure"	

续表

分类等级	概述	酒标
法定地区葡萄酒	法定地区葡萄酒的葡萄品种、种植数量、酿造过程、酒精含量等都要得到专家认证，只能用原产地种植的葡萄酿制，绝对不可和别地葡萄汁勾兑，AOC产量大约占法国葡萄酒总产量的35%，酒瓶标签标示为"Appellation d'orgin Controlee"	AUGEY BORDEAUX

（二）法国葡萄酒产区及名品

1. 波尔多产区：波尔多位于法国西南部，是世界公认的最负盛名的葡萄酒产区。波尔多西临大西洋，有吉伦特河流过，夏季炎热，冬日温和。土壤形态多，砂砾、石灰石黏土的土质非常适合葡萄树的生长。波尔多地区习惯称葡萄园为"Chateau"。波尔多五大子产区及名品详见表3-10。

表3-10 波尔多五大子产区及名品

子产区	概况	名品	酒标
梅多克	梅多克有六个村庄级法定产酒区：波亚克、玛歌、圣爱斯泰夫、圣于连、利斯特拉克-梅多克和慕里斯。18世纪以来，梅多克一直是波尔多地区最显赫最尊贵的葡萄酒产区	拉菲酒、拉图酒庄、玛歌酒庄、木桐酒	CHATEAU LAFITE ROTHSCHILD 2008 PAUILLAC
格拉芙	格拉芙位于吉伦特河的南岸，受恶劣天气的影响小，酒的总体质量水平很高。这里出产的红酒因为美乐葡萄的比例较大，较之梅多克产区更为柔顺	奥·伯里翁堡	CHATEAU HAUT-BRION
苏玳	苏玳地区是波尔多贵腐甜酒的黄金产区，位于波尔多市南方20多千米外的加伦河左岸，在秋天的采收季，这一带常常弥漫着浓厚的晨雾，让附近的葡萄园很容易滋长贵腐霉。除了多雾，跟随而来的常是阳光普照的天气，可以适时地抑制霉菌生长，避免转变成有害的灰霉菌	迪琴庄	Château d'Yquem Sauternes

续表

子产区	概况	名品	酒标
圣埃米伦	圣埃米伦分区以盛产波尔多红葡萄酒而知名，圣埃米伦的酒丰满、醇厚，呈美丽的红紫色。陈酿后有白胡椒、红果酱、香料及咖啡味，口感非常柔和	白马庄、欧颂庄	
宝物隆区	宝物隆区是波尔多最小的一个产区，土壤深层为黏土，铁含量较高，酒里面普遍有一种矿物质的味道。宝物隆区葡萄酒的主力是美乐葡萄，世界上3种最贵的红酒，这里就有2种	柏翠酒庄、里鹏	

2. 勃艮第产区：勃艮第产区位于法国东北部，与波尔多产区的调配葡萄酒不同，勃艮第产区的葡萄酒以单一品种葡萄酒为主。勃艮第的法定葡萄品种有黑皮诺、佳美两个红葡萄品种，白葡萄品种则有霞多丽。勃艮第五大子产区及名品详见表3-11。

表3-11　勃艮第五大子产区及名品

子产区	概况	名品	酒标
博若莱	博若莱位于法国东部，在里昂北侧，产区南部与罗讷河谷相邻。因博若莱新酒而声名远扬	博若莱新酒	
金丘	金丘是勃艮第的黄金葡萄酒产区，总共由两个法定葡萄酒产区构成，北部为夜丘，南部为伯恩丘。夜丘以生产黑皮诺红葡萄酒名扬全球，伯恩丘则以生产霞多丽白葡萄酒名载史册	拉罗马乃-孔蒂	
夏布利	位于勃艮第北部，在欧塞尔市附近，距巴黎南部180千米，产区气候为半大陆性气候，略受大西洋的影响，土壤包括黏质石灰岩、泥灰和化石，出产果香突出的干白葡萄酒。一级酒庄葡萄酒约3～7年，特级酒庄葡萄酒约5～12年	武当尼葡萄园、禾玛葡萄园	

续表

子产区	概况	名品	酒标
夏隆内丘	夏隆内丘产区内没有特级园,不过 5 个主要产酒村中的 4 个都有一级园	布哲隆、吕利、梅谷黑、基辅依、蒙达涅	
马贡	马贡拥有 5 个 AOC 法定产区,分别是普伊-富赛、普伊-凡列尔、普伊-楼榭、圣韦朗和维尔-克莱赛。其中,普伊-富赛最为著名,该产区酿制的白葡萄酒酒体丰满紧实,口感浓厚,并有着特殊的香气,一度风靡美国	普伊-富赛	

三、香槟

香槟是产自法国香槟地区,按照严格的法律规定酿造的一种起泡葡萄酒。香槟产区位于法国巴黎的东北部,是法国最北的一个葡萄酒产区,气候寒冷。但寒冷的天气却赋予了香槟酒别样的清新之感。典型的白垩土壤也贡献良多,可以很好地保留水分,同时白色还会有反光的效果,能够提高葡萄的成熟度。香槟产区五大子产区及名品详见表 3-12。

表3-12　香槟产区五大子产区及名品

子产区	概况	名品	图示
马恩河谷	马恩河谷是香槟地区最大的葡萄酒产区。产区内葡萄园沿河流分布,大部分都坐落在河流右岸朝南或者东南方向的山坡上,给葡萄藤带来了足够的光照,出产的葡萄因此拥有不错的成熟度。马恩河谷产区内最主要种植的葡萄品种为莫尼耶皮诺,用其单一品种酿造的葡萄酒果香浓郁,清新易饮	堡林爵、哥塞、阿雅拉	
兰斯山脉	兰斯山脉位于香槟产区的北部,葡萄园大多位于朝东或东南方向的山坡上,这里气温较低,葡萄的成熟过程缓慢,因而能够很好地保留酸度,这是酿制起泡酒的关键因素之一。兰斯山是香槟产区拥有特级园最多的一个产区,香槟产区的 17 个特级园中就有 10 个坐落在这里	玛姆、巴黎之花、酩悦、路易王妃	

续表

子产区	概况	名品	图示
白丘	白丘产区内多为朝向东面的山坡，且山坡最高处有大片的森林，既能帮助葡萄园防风防雨，又增强了土壤的排水性能，因此十分适宜种植霞多丽。白丘产区出产的霞多丽酸度较高，且富有矿物质风味，常被用来酿制年份（Vintage）香槟或顶级特酿（Premium Cuvee）香槟	彼特斯、兰瑟洛、瑟洛斯、库克香槟、沙龙	
塞扎纳丘	塞扎纳丘的葡萄园和白丘一样大多位于朝向东面的山坡上，土壤以石灰土和泥土为主。这里的主要葡萄品种也是霞多丽，但其出产的香槟酸度较低，而香气浓郁度更高	芭兰美颂、杰克科碧莱	
巴尔山坡	巴尔山坡产区气候类型属于半大陆性，比香槟的其他子产区更为暖和，再加上其以泥石灰为主的土壤，黑皮诺成了这里最主要的葡萄品种。葡萄园多位于朝南的山坡上，出产的葡萄酒大多口感丰富、果香馥郁	雅克拉萨涅、芙乐莉香槟	

四、酒精强化葡萄酒

酒精强化葡萄酒又称甜食酒，是佐餐甜点时饮用的一种葡萄酒，通常以葡萄酒作为酒基，加入食用酒精或白兰地以增加酒精含量，故又称为强化葡萄酒，口味较甜。常见的有雪莉酒、波特酒。

（一）雪莉酒

雪莉酒是一种加强型葡萄酒，产自西班牙的赫雷斯镇，在西班牙本地也叫赫雷斯酒。邮轮雪莉酒名品详见表3-13。

表3-13 邮轮雪莉酒名品

| 潘马丁 | 布里斯托 | 堤欧雪莉酒 |

（二）波特酒

波特酒，素有葡萄牙"国酒"之称，是一种在酿制过程中，待葡萄发酵至糖分为 10% 左右时，通过添加白兰地终止其发酵过程而获得酒精度 16%～22% 的具有甜味的强化型葡萄酒。波特酒由于实施原产地命名保护，所以只有产自葡萄牙波尔图市的波特酒才可以冠以"波特"的名称。邮轮波特酒名品详见表 3-14。

表 3-14　邮轮波特酒名品

M3-4　波特酒名品概述和分类

克罗夫特	泰勒	格兰姆	桑德曼	道斯

五、葡萄酒饮用温度

温度对葡萄酒最大的影响在于香气与味道，在最适合饮用的温度下饮用葡萄酒，能让顾客得到更好的饮酒体验，最大程度释放出葡萄酒的香气的同时，又不影响风味口感。葡萄酒最佳饮用温度详见表 3-15。

表 3-15　葡萄酒最佳饮用温度

酒品	风格	最佳饮用温度
白葡萄酒或桃红葡萄酒	饱满或复杂的干白	12～16℃
	清爽的干白	5～10℃
	桃红葡萄酒	6～10℃
红葡萄酒	饱满高单宁的酒体	15～18℃
	中等酒体	12～15℃
	柔顺清淡的酒体	10～12℃
香槟或起泡酒	普通酒	4～7℃
	年份酒	10～16℃
雪莉酒	干型雪莉酒	5～7℃
	天然甜型雪莉酒	12～14℃
	混酿雪莉酒	7～12℃
波特酒	白波特、红宝石波特、茶色波特、年份波特、迟装瓶年份波特酒	15～20℃

任务准备

以 3～4 人为一个小组，准备原料和工具，如表 3-16～表 3-19 所示，采用角色扮演的方式，营造真实工作环境，以酒吧服务员的身份轮流进行葡萄酒服务。

表 3-16　红葡萄酒服务所需原料和用具清单

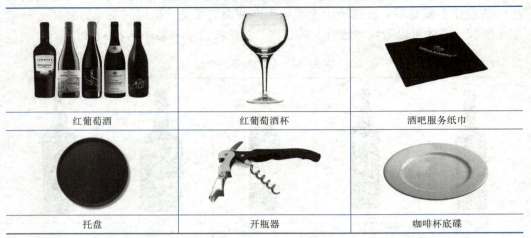

红葡萄酒	红葡萄酒杯	酒吧服务纸巾
托盘	开瓶器	咖啡杯底碟

表 3-17　白葡萄酒服务所需原料和用具清单

白葡萄酒	白葡萄酒杯	冰桶	擦杯布
酒吧服务纸巾	托盘	开瓶器	咖啡杯底碟

表 3-18　香槟或起泡酒服务所需原料和用具清单

香槟或起泡酒	笛形香槟杯	冰桶	擦杯布
酒吧服务纸巾	托盘	开瓶器	咖啡杯底碟

表3-19 酒精强化葡萄酒服务所需原料和用具清单

| 雪莉酒 | 雪利酒杯 | 波特酒 | 波特酒杯 |
| 咖啡杯底碟 | 擦杯布 | 酒吧服务纸巾 | 托盘 | 量酒器 |

任务实施

一、红葡萄酒服务

红葡萄酒服务程序,如表 3-20 所示。

表3-20 红葡萄酒服务程序

步骤	项目	操作要领	图示
第一步	准备	根据客人数量从葡萄酒吧中取出红葡萄酒杯,凭小票从吧台领取红葡萄酒,放在托盘上,走到客人座位前,在客人右边服务	
第二步	上杯	把酒吧服务纸巾分别摆放在客人面前的桌子上,图案正对客人。把红酒杯放在客人右手边的纸巾上,大声报出红葡萄酒的名称,向客人确认品牌并询问是否打开	
第三步	开瓶	用开瓶器小锯齿刀切开胶帽;螺旋杆斜尖进入中心,螺旋钻旋入软木塞;用杠杆原理卡住瓶口,再用两极翘起木塞,拉出木塞	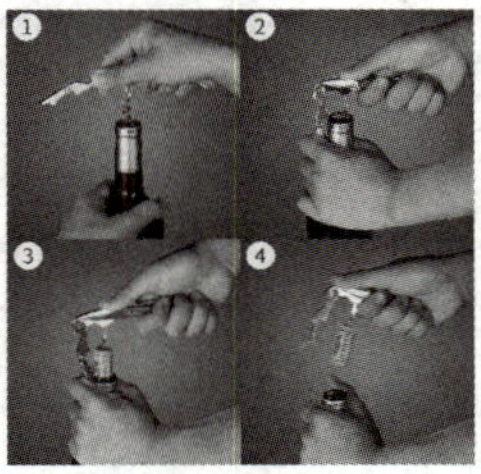

续表

步骤	项目	操作要领	图示
第四步	试酒	开瓶后，将约一小口的红酒倒进客人的酒杯，请客人试酒。若顾客满意，就可以继续倒酒了，如不满意，可请邮轮品酒师品尝，如果酒确实有问题，则收回并更换	
第五步	倒酒	一只手托住瓶底，另一只手把住瓶身，在瓶口距离杯口上方 2 厘米处，用手腕力倾斜倒出红酒，至杯中的三分之一处即可，倒完之后，旋转瓶底，迅速收瓶，防止滴酒	
第六步	服务	可说："尊敬的 ×× 先生 / 漂亮的 ×× 女士，让您久等了，这是您需要的红葡萄酒，请慢用！"然后将红葡萄酒瓶子商标正对客人，摆放在另一张服务纸巾上	
第七步	巡台	随时留意客人的葡萄酒杯，当客人的杯子空了时，主动添加，并询问客人是否需要再来一瓶	
第八步	收台	（1）客人离开后，整理客人桌子上的空酒杯、空酒瓶和垃圾。空酒杯、空酒瓶和垃圾收回酒吧清洗间，空酒杯放入洗杯机中清洗，装饰物、空酒瓶和垃圾做分类处理。 （2）清洁桌子，重新安排座位，恢复到开吧营业的状态	

二、白葡萄酒服务

白葡萄酒服务程序，如表 3-21 所示。

表3-21 白葡萄酒服务程序

步骤	项目	操作要领	图示
第一步	准备	（1）根据客人数量从葡萄酒吧中取出白葡萄酒杯，放在托盘上。 （2）凭小票从吧台领取冰镇白葡萄酒，把白葡萄酒商标向上斜放入冰桶中，冰桶中加满冰块和半桶水。 （3）右手托盘，左手拿冰桶，左手手腕横放一条叠成长条状的擦杯布；走到客人座位前，把冰桶和白葡萄酒杯放在吧桌上，在客人右边服务	
第二步	示酒	左手从冰桶中取出冰镇白葡萄酒，右手拿起长条状的擦杯布托起瓶底，酒标正对客人示酒，大声报出白葡萄酒的名称，向客人确认品牌并询问是否打开	
第三步和第四步	开瓶和试酒	方法同红葡萄酒服务程序	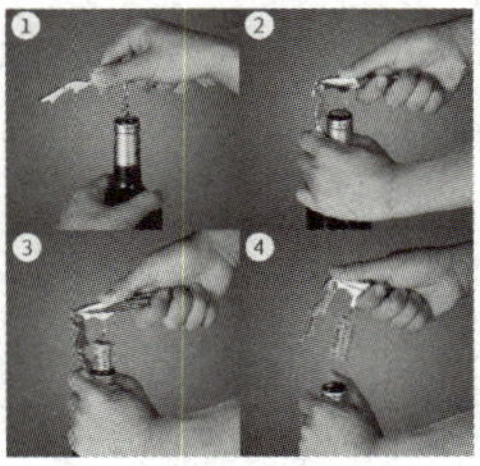
第五步	倒酒	右手用手指握住瓶底，在瓶口距离杯口上方2厘米处，倾斜倒出白葡萄酒，倒入杯中的二分之一处即可，倒完之后，旋转瓶底，迅速收瓶，防止滴酒	
第六步	服务	可说："尊敬的××先生/漂亮的××女士，让您久等了，这是您需要的白葡萄酒，请慢用！"然后将白葡萄酒瓶放回冰桶	
第七步	巡台	随时留意客人的葡萄酒杯，当客人的杯子空了时，主动添加，并询问客人是否需要再来一瓶	

续表

步骤	项目	操作要领	图示
第八步	收台	（1）客人离开后，整理客人桌子上的空酒杯、空酒瓶和垃圾。空酒杯、空酒瓶和垃圾收回酒吧清洗间，空酒杯放入洗杯机中清洗，装饰物、空酒瓶和垃圾做分类处理。 （2）清洁桌子，重新安排座位，恢复到开吧营业的状态	

三、香槟或起泡酒服务

香槟或起泡酒服务程序，如表 3-22 所示。

表 3-22　香槟或起泡酒服务程序

步骤	项目	操作要领	图示
第一步	准备	（1）根据客人数量从葡萄酒吧中取出笛形香槟杯，放在托盘上。 （2）凭小票从吧台领取冰镇香槟或起泡酒，把白葡萄酒商标向上斜放入冰桶中，冰桶中加满冰块和半桶水。 （3）右手托盘，左手拿冰桶，左手手腕横放一条叠成长条状的擦杯布；走到客人座位前，把冰桶和笛形香槟杯，放在吧桌上，在客人右边服务	
第二步	示酒	左手从冰桶中取出香槟或起泡酒，右手拿起长条状的擦杯布托起瓶底，酒标正对客人示酒，大声报出香槟或起泡酒名称，向客人确认品牌并询问是否打开	
第三步	开瓶	（1）将开瓶器将香槟或起泡酒瓶口的锡箔去掉。 （2）将瓶口朝向无人的方向后再开瓶，找出铁圈呈圆形的部分，松开铁圈圆形口。 （3）右手握住酒瓶并旋转，酒瓶内气压会将木塞慢慢往上推。 （4）扭转瓶子，直到软木塞发出扑通的声音	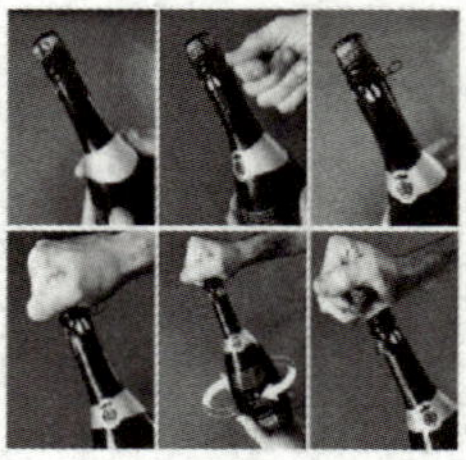
第四步	试酒	方法同红葡萄酒服务程序	

续表

步骤	项目	操作要领	图示
第五步	倒酒	右手用手指握住酒瓶中部或底部,左手拿香槟杯,杯身倾斜30度,杯口贴紧瓶口,缓缓将少许酒液倒入杯中。此时,气泡快速涌出,立即形成厚实的慕斯气泡,稍停片刻,等待慕斯液面略微下降,再继续倒酒,并让酒液沿着杯壁缓缓流下,香槟倒至七分满即可	
第六步	服务	可说:"尊敬的××先生/漂亮的××女士,让您久等了,这是您需要的香槟/起泡酒,请慢用!"然后将香槟或起泡酒放回冰桶	
第七步	巡台	随时留意客人的香槟或起泡酒,当客人的杯子空了时,主动添加,并询问客人是否需要再来一瓶	
第八步	收台	(1)客人离开后,整理客人桌子上的空酒杯、空酒瓶和垃圾。空酒杯、空酒瓶和垃圾收回酒吧清洗间,空酒杯放入洗杯机中清洗,装饰物、空酒瓶和垃圾做分类处理。 (2)清洁桌子,重新安排座位,恢复到开吧营业的状态	

四、酒精强化葡萄酒服务

酒精强化葡萄酒服务程序,如表3-23所示。

表3-23　酒精强化葡萄酒服务程序

步骤	项目	操作要领	图示
第一步	擦杯	左手持擦杯布一端,手心朝上;右手取杯,将杯底部放入左手手心,握住;右手将擦杯布的另一端绕起,放入杯中;右手拇指插入杯中,其他四指握住杯子外部,左右手交替转动擦拭杯子	

续表

步骤	项目	操作要领	图示
第二步	倒酒	将雪莉酒杯和波特酒杯置于吧台，根据客人订单，用量酒器将标准分量3盎司的雪莉酒和波特酒倒入对应的杯中	
第三步	准备	酒水准备完毕后，放在托盘上，走到客人座位前，在客人右边服务	
第四步	服务	把酒吧服务纸巾摆放在客人面前的桌子上，图案正对客人。把雪莉酒杯和波特酒杯放在客人右手边的纸巾上，大声报出酒精强化葡萄酒的名称，并说："尊敬的××先生/漂亮的××女士，让您久等了，这是您需要雪莉酒和波特酒，请慢用！"	
第五步	巡台	随时留意客人的酒杯，当客人的杯子快要空的时候，主动添加，并询问客人是否需要再来两杯	
第六步	收台	（1）客人离开后，整理客人桌子上的空酒杯、纸巾和垃圾。收回酒吧清洗间，空酒杯放入洗杯机中清洗，纸巾和垃圾做分类处理。 （2）清洁桌子，重新安排座位，恢复到开吧营业的状态	

任务评价

任务评价和啤酒服务相同，主要从仪容仪表、服务程序、学习态度和综合印象几个方面进行评价，详见表3-5。

任务拓展

葡萄酒品鉴是用具体的语言和指标来对葡萄酒进行描述,而并非简单地饮用。品鉴步骤与评价方法如下。

1. 第一步:看

看葡萄酒的颜色,从葡萄酒的颜色和浓郁程度可以大致猜出葡萄酒的年份、葡萄品种、酒精度、糖分甚至产地的气候。

(1)年份:葡萄酒随着陈年的时间不同,颜色会发生变化。红葡萄酒越老,颜色越浅;白葡萄酒则相反。

(2)从葡萄酒的颜色和边缘,猜葡萄品种:美乐(Merlot)葡萄会让葡萄酒的边缘呈现橙色。马尔贝克(Malbec)葡萄通常带有洋红色。来自寒冷地区的西拉(Syrah)葡萄酒的边缘会呈现蓝色。

(3)酒精度和含糖量:酒泪是在摇杯后,葡萄酒出现的一种物理现象。它又被称为"挂杯"。通常酒精含量高和含糖量高的葡萄酒酒泪更多、更密、更粗、更长且更持久。

M3-5 葡萄酒品鉴技巧

2. 第二步:闻

静置闻香。葡萄酒的香气通常可以"泄露"一款葡萄酒的品质、品种、是否橡木陈年、产区和年龄等秘密。葡萄酒的香气分为三大类:

一类香气主要是指葡萄酒的果香。这种香气主要因葡萄品种的不同而不同,例如,赤霞珠有着明显的黑醋栗味,黑皮诺有经典的草莓味,琼瑶浆有荔枝味等。二类香气出自发酵过程,酵母在把糖转化为酒精的过程中,会产生很多香味物质。三类香气指葡萄酒装瓶、陈年后缓慢形成的陈年香气。在白葡萄酒中有烘焙、烟熏、蜂蜜、饼干、太妃糖、坚果等气味;陈年的红葡萄酒的香气则更多样,有皮革、烟叶、秋叶、巧克力、咖啡、菌类,甚至意大利腊肠等气味。

3. 第三步:尝

(1)甜度:舌尖最能感受到糖分的存在,酸度往往会掩盖甜度,酸度高的葡萄酒尝起来不会那么甜。

(2)酸度:酸度在整款葡萄酒中都起着至关重要的作用。酸度高的葡萄酒酒体更加轻盈,也可以用酸度来判断葡萄酒是产自冷气候区还是暖气候区。

(3)单宁:单宁与葡萄的风格、是否橡木桶陈年及陈年时间有关。单宁来自两个地方:葡萄和橡木桶,橡木桶单宁尝起来更加顺滑柔顺,而来自葡萄本身的单宁尝起来更粗糙和青涩。

(4)酒精度:酒精度通常可以反映一款葡萄酒的浓郁度以及酿酒葡萄的成熟度。葡萄酒的酒精度数一般在5%~16%,加强葡萄酒一般为17%~21%。

(5)酒体:酒体是指葡萄酒给口腔带来的一种或轻或重的感觉。葡萄酒的酒体取决于酒精度、残留糖分、可溶性风味物质以及酸度。前三种成分的含量越高,葡萄酒的酒体就越重;酸度越高,葡萄酒的酒体就会越轻。

(6)余味:余味一方面是指饮下葡萄酒后,口腔中保留的风味,通常可以使用胡椒味的、矿物质味的、甜润的、苦涩的、辛辣的、粗糙的、浓郁的等词来形容;另一方面是指风味持续时间的长短。

4. 第四步:总结评价

通过观色、闻香、品味,对葡萄酒的品质、平衡性、陈年潜力、葡萄品种特性、产区和价格做出总结评价。

思考题

一、单项选择题

1. 葡萄酒载杯一般为（　　）。
   A. 平底高杯   B. 高脚杯   C. 矮脚杯   D. 圆口直筒杯
2. 红葡萄酒的颜色来源于（　　）。
   A. 人工色素   B. 橡木桶   C. 焦糖   D. 葡萄皮
3. 普通香槟酒的最佳饮用温度为（　　）。
   A. 0℃   B. 4℃   C. 12℃   D. 16℃
4. 种植葡萄并不需要肥沃的土地，法国波尔多区的葡萄种植于（　　）中。
   A. 沙砾   B. 钻胶土   C. 白垩土   D. 钻土

二、简答题

1. 简述香槟或起泡酒服务程序。
2. 简述葡萄酒品鉴步骤与评价方法。

任务3　白兰地服务

学习目标

1. 掌握邮轮白兰地服务程序。
2. 知道邮轮白兰地的基础知识。
3. 了解白兰地饮用与服务标准。
4. 熟悉邮轮白兰地名品。

任务导入

16世纪时，法国开伦脱河沿岸的码头上有很多法国和荷兰的葡萄酒商人，他们把法国葡萄酒出口荷兰的交易进行得很频繁，这种贸易都是通过船只航运而实现的。当时该地区经常发生战争，故而葡萄酒的贸易常因航行中断而受阻。由于运输时间的延长，葡萄酒变质造成商人受损是常有的事。此外，葡萄酒整箱装运占的空间较大，费用昂贵，使成本增加。这时有一位聪明的荷兰商人，采用当时的蒸馏法将酒浓缩成会燃烧的酒，然后把这种酒用木桶装运到荷兰，再兑水稀释以降低酒精度出售，这样酒就不会变质，成本也降低了。但是他没有想到，那不兑水的蒸馏酒更甘美可口。意外的是，人们惊喜地发现，桶装的葡萄蒸馏酒并未因运输时间长而变质，而且由于在橡木桶中贮存日久，酒色从原来的透明无色变成了美丽的琥珀色，而且香更芬芳，味尤醇和。从此大家得出一个结论：葡萄酒经蒸馏后得到的高度烈酒一定要进入橡木桶中贮藏一段时间后，才会提高质量，改变风味，使人喜爱。这就是白兰地产生的故事。

知识学习

一、白兰地概述

白兰地属于烈酒，通常我们所说的"白兰地"专指以葡萄为原料，经发酵、蒸馏、陈酿等工艺制成的烈酒。从广义上讲，白兰地所采用的原料并不仅仅局限于葡萄，可以是任何水果。

二、白兰地分类

白兰地种类非常多，最具代表性的两种白兰地为干邑和雅文邑，详见表3-24。

表3-24 白兰地分类

类别	概述	常见品牌
干邑	通常带有非常显著的果香和花香，酒体轻盈到适中不等，口感饱满、圆润，入口后有极浓的蜂蜜和甜橙味，橡木味显著，回味绵长，尽显顺滑与果香的完美契合	人头马、马爹利、轩尼诗、柯罗维锡
雅文邑	通常带有果脯，如李子、葡萄干、无花果的味道，酒体适中至厚重，经橡木桶熟化后，带有香草、椰子、烤面包、坚果、甜香料的风味	卡斯塔浓、夏博、珍妮、桑卜

M3-6 白兰地饮用与服务

（一）干邑白兰地

1909年，法国政府颁布酒法明文规定，只有夏朗德省干邑镇周围的36个县市所生产的白兰地方可命名为干邑（Cognac），除此以外任何地区生产的白兰地都不能用"Cognac"一词来命名，而只能用其他指定的名称命名，这一规定以法律条文的形式确立了"干邑"白兰地的产区。

干邑白兰地的级别划分见表3-25。

表3-25 干邑白兰地的级别及特点

级别	特点
低档干邑	又叫三星白兰地，属于普通型干邑白兰地。法国政府规定，干邑地区生产的白兰地至少需要18个月的酒龄
中档干邑	享有这种标志的干邑至少需要四年半的酒龄
精品干邑	法国干邑多数大作坊都生产质量卓越的白兰地，这些名品有其特别的名称，如：拿破仑、蓝带、特陈、极品等。依据法国政府规定此类干邑白兰地原酒在橡木桶中必须酿藏六年半以上，才能装瓶销售

（二）雅文邑白兰地

雅文邑位于干邑南部，以产深色白兰地驰名，风格与干邑很接近。干邑与雅文邑最主要的区别是在蒸馏的程序上，干邑初次蒸馏和第二次蒸馏是连续进行的，而雅文邑则是分开进行的。雅文邑同样是受法国法律保护的白兰地品种，只有雅文邑产的白兰地才能在商标上冠以Armagnac字样。

三、白兰地的饮用

白兰地饮用方式一般是纯饮或加冰，使用白兰地杯（图3-3），每杯标准分量为

45mL（图 3-4），喝酒时掌心与酒杯接触（图 3-5），易于白兰地的酒香发散，同时还要摇晃酒杯以扩大酒与空气的接触面，使酒的芳香溢满杯内。

图3-3　白兰地杯　　　图3-4　标准分量45mL　　　图3-5　握法

四、邮轮白兰地名品

（一）干邑白兰地名品

邮轮干邑白兰地名品如表 3-26 所示。

表3-26　邮轮干邑白兰地名品

人头马路易十三	人头马 XO	人头马俱乐部	人头马 XOE
人头马 VSOP	金王马爹利	马爹利 XO	马爹利蓝带
名仕马爹利	金牌马爹利	轩尼诗·李察	轩尼诗百乐廷

续表

轩尼诗 XO	轩尼诗 VSOP	柯罗维锡拿破仑	柯罗维锡 XO

（二）雅文邑白兰地名品

邮轮雅文邑白兰地名品如表 3-27 所示。

表3-27　邮轮雅文邑白兰地名品

卡斯塔浓	夏博	珍妮	桑卜

任务准备

以 3～4 人为一个小组，准备原料和工具，如表 3-28 所示，采用角色扮演的方式，营造真实工作环境，以酒吧服务员的身份轮流进行白兰地纯饮服务。

表3-28　白兰地纯饮服务所需原料和用具清单

白兰地	白兰地杯	量酒器
酒吧服务纸巾	擦杯布	托盘

任务实施

白兰地纯饮服务程序，如表 3-29 所示。

表3-29　白兰地纯饮服务程序

步骤	项目	操作要领	图示
第一步	擦杯	左手持擦杯布一端，手心朝上；右手取杯，将杯底部放入左手手心，握住；右手将擦杯布的另一端绕起，放入杯中；右手拇指插入杯中，其他四指握住杯子外部，左右手交替转动擦拭杯子	
第二步	倒酒	将白兰地杯置于吧台，用量酒器将 45mL 人头马 XO 干邑白兰地倒入白兰地杯	
第三步	准备	酒水调制完毕后，放在托盘上，走到客人座位前，在客人右边服务	
第四步	服务	把一张酒吧服务纸巾摆放在客人面前的桌子上，图案正对客人。把白兰地酒放在靠近客人右手边的纸巾上，大声报出白兰地的名称，并说："尊敬的 ×× 先生 / 漂亮的 ×× 女士，让您久等了，这是您需要 ×× 白兰地，请慢用！"	
第五步	巡台	随时留意客人的酒杯，当客人的杯子快要空的时候，主动添加，并询问客人是否需要再来一杯	
第六步	收台	（1）客人离开后，整理客人桌子上的空酒杯、纸巾和垃圾。收回酒吧清洗间，空酒杯放入洗杯机中清洗，纸巾和垃圾做分类处理 （2）清洁桌子，重新安排座位，恢复到开吧营业的状态	

项目三 走进酒吧去服务——成为一名邮轮酒吧服务员

任务评价

任务评价和啤酒服务相同，主要从仪容仪表、调制过程、服务程序、学习态度和综合印象几个方面进行评价，详细内容如表 3-30 所示。

表 3-30 "白兰地服务"任务评价表

项目	M 测量 J 评判	标准名称或描述	总分/分	评分示例	得分 ___ 组	___ 组	___ 组
仪容仪表	M	制服干净整洁，熨烫挺括，合身，符合行业标准	1	Y/N			
	M	鞋子干净且符合行业标准	1	Y/N			
	M	男士修面，胡须修理整齐；女士淡妆，身体部位没有可见标记	1	Y/N			
	M	发型符合职业要求	1	Y/N			
	M	不佩戴过于醒目的饰物	0.5	Y/N			
	M	指甲干净整洁，不涂有色指甲油	0.5	Y/N			
	J	所有工作中站姿、走姿一般，在完成有挑战性的工作任务时仪态较差，1 分； 所有工作任务中站姿、走姿良好，表现专业，但是仍有瑕疵，3 分； 所有的工作中站姿、走姿优美，表现非常专业，5 分	5	1 3 5			
调制过程	M	所有必需用具和材料全部领取正确、可用	4	Y/N			
	M	调制方法正确	4	Y/N			
	M	使用量酒器	4	Y/N			
	M	调制过程中没有浪费	4	Y/N			
	M	调制过程没有滴酒	4	Y/N			
	M	出品符合标准	4	Y/N			
	M	操作过程注意卫生	4	Y/N			
	M	器具和材料使用完毕后复归原位	4	Y/N			
	J	对酒吧任务不自信，缺乏展示技巧，无法提供最终作品或最终作品无法饮用，2.5 分； 对酒吧技巧有一定了解，展示技巧一般，提供的最终作品可以饮用，5 分； 对任务充满自信，对酒吧技巧的了解较多，作品呈现与装饰物展现较好，7.5 分； 对任务非常有自信，与宾客有较好的交流，酒吧技术知识丰富，作品呈现优秀，装饰物完美，10 分	10	2.5 5 7.5 10			
服务程序	M	礼貌地迎接、送别客人	4	Y/N			
	M	服务的鸡尾酒与客人点单一致	4	Y/N			
	J	全程没有或较少使用英文，2.5 分； 全程大部分使用英文，但不流利，5 分； 全程使用英文，较为流利，但专业术语欠缺，7.5 分； 全程使用英文，整体流利，使用专业术语，10 分	10	2.5 5 7.5 10			
	J	在服务过程中没有互动，没有解释和服务风格，2.5 分； 在服务过程中有一些互动，对鸡尾酒有介绍，具有适当的服务风格，5 分； 在服务过程中有良好自信，对鸡尾酒的原料和创意有基本的介绍，有良好的互动，在服务过程中始终如一，7.5 分； 与宾客有极好的互动，对鸡尾酒原料有清晰的介绍，清楚讲解鸡尾酒创意，展示高水准的服务技巧，10 分	10	2.5 5 7.5 10			

续表

项目	M 测量/J 评判	标准名称或描述	总分/分	评分示例	得分 ___组	___组	___组
学习态度	J	学习态度有待加强，被动学习，延时完成学习任务，5分； 学习态度较好，按时完成学习任务，10分； 学习态度认真方法多样，积极主动，15分	15	5 10 15			
综合印象	J	在所有任务中状态一般，当发现任务具有挑战性时表现为不良状态，1分； 在执行所有任务时保持良好的状态，看起来很专业，但稍显不足，3分； 在执行任务中，始终保持出色的状态标准，整体表现非常专业，5分	5	1 3 5			
选手用时							

裁判签字： 年 月 日

📖 任务拓展

一、白兰地加冰服务原料和用具准备

白兰地加冰服务所需原料和用具清单如表3-31所示。

表3-31 白兰地加冰服务所需原料和用具清单

| 人头马 XO | 白兰地杯 | 冰块 | 冰铲 | 冰桶 |
| 量酒器 | 擦杯布 | 酒吧服务纸巾 | 托盘 | 咖啡杯底碟 |

二、白兰地加冰服务程序

两杯人头马 XO 加冰服务程序，如表3-32所示。

项目三　走进酒吧去服务——成为一名邮轮酒吧服务员

表3-32　白兰地加冰服务程序

步骤	项目	要领	图示
第一步	擦杯	左手持擦杯布一端，手心朝上；右手取杯，将杯底部放入左手手心，握住；右手将擦杯布的另一端绕起，放入杯中；右手拇指插入杯中，其他四指握住杯子外部，左右手交替转动擦拭杯子	
第二步	倒酒	在白兰地杯中加入冰块，置于吧台，用量酒器将45mL人头马XO干邑倒入每个白兰地杯	
第三步	准备	酒水调制完毕后，放在托盘上，走到客人座位前，在客人右边服务	
第四步	服务	把两张酒吧服务纸巾摆放在客人面前的桌子上，图案正对客人。把白兰地杯放在靠近客人右手边的纸巾上，大声报出白兰地名称："尊敬的××先生/漂亮的××女士，让您久等了，这是您需要的人头马XO，请慢用！"	
第五步	巡台	随时留意客人的酒杯，当客人的杯子快要空的时候，主动添加，并询问客人是否需要再来两杯	
第六步	收台	（1）客人离开后，整理客人桌子上的空酒杯、纸巾和垃圾。收回酒吧清洗间，空酒杯放入洗杯机中清洗，纸巾和垃圾做分类处理。 （2）清洁桌子，重新安排座位，恢复到开吧营业的状态	

 思考题

一、单项选择题

白兰地的颜色来源于（　　）。

A. 人工色素　　　B. 橡木桶　　　C. 焦糖　　　D. 葡萄皮

二、多项选择题

用葡萄酒蒸馏而成的酒有（　　）。
A. 干邑白兰地　　　B. 雅文邑白兰地　　　C. 啤酒　　　D. 果蔬汁

三、简答题

1. 简述白兰地如何饮用。
2. 简述白兰地服务程序。

任务4　威士忌服务

学习目标

1. 掌握邮轮威士忌调制过程与服务程序。
2. 知道邮轮威士忌的基础知识。
3. 了解威士忌饮用方式与服务标准。
4. 熟悉邮轮威士忌名品。

任务导入

阿拉斯加航线的第9个航程我轮岗到威士忌酒廊工作，今天邮轮在凯奇坎停靠，凯奇坎小镇素有世界鲑鱼之都的美称，但由于下起了雨，气温降到3℃，非常冷，还没到离岸时间，就有很多游客提前回到船上休息。这个航程的常客史密斯先生也早早来到威士忌酒廊，告诉我凯奇坎很美，河流里到处可见三文鱼，但外面太冷了，需要一杯威士忌取暖。我愉快地接受了订单。当我在后吧准备威士忌时，才意识到酒吧里有24种威士忌可选，我尴尬地跑回酒吧询问："您需要喝哪种威士忌呢？"得到的回答是"麦卡伦18年纯饮"。

M3-7　威士忌基础知识与服务

知识学习

一、了解威士忌基础知识

威士忌，是英文Whisky的音译，是以大麦、黑麦、燕麦、小麦、玉米等谷物为原料，经发酵、蒸馏后，再使用橡木桶进行陈酿，最后经调配而成的蒸馏酒。威士忌根据地理位置划分为爱尔兰威士忌、苏格兰威士忌、美国威士忌、加拿大威士忌和日本威士忌等。

威士忌酿制过程详见表3-33。

表3-33 威士忌酿制过程

步骤	过程概述	图示
麦芽制作	大麦在水中浸泡发芽，发芽过程把可溶性淀粉转化成糖，使用泥炭火烘烤及干燥大麦可抑制发芽并给予其独特的风味	
磨碎	麦芽干燥后磨成粉加入沸水，水源品质是影响威士忌品质和特性重要因素之一	
发酵	麦芽汁加入酵母后进行发酵，啤酒式的液体酒精度约为5%	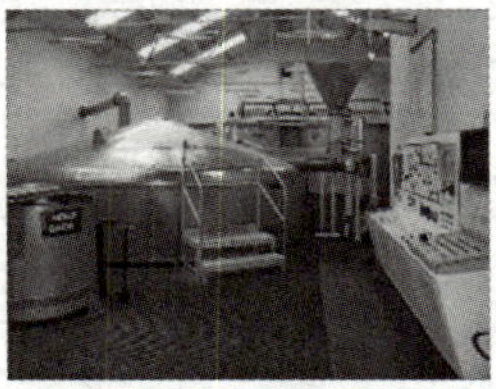
蒸馏	在锅炉式蒸馏器经过2次蒸馏，蒸馏液风味较香醇	
熟成	存放在曾经陈放过雪莉酒、波特、波本的橡木桶中，法律规定所有苏格兰威士忌必须在木桶里贮藏至少3年才能装瓶	
混合/勾兑	酒厂的调酒大师依其经验和本品牌酒质的要求，按照一定的比例，调配勾兑出口味与众不同的威士忌酒	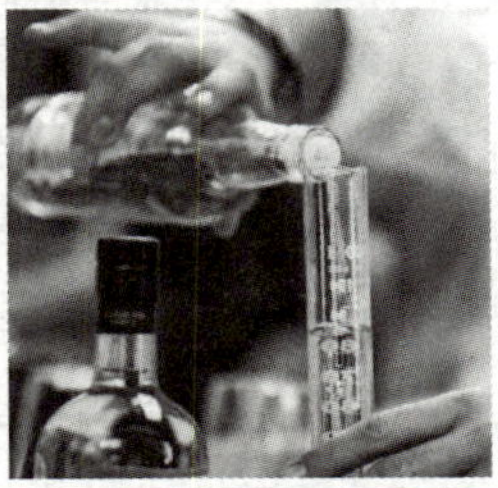
装瓶	装瓶之前先要将混配好的威士忌再过滤一次，将其杂质去除，然后由自动化的装瓶机器将威士忌分装至每一个酒瓶中，最后再贴上各自厂家的商标后即可装箱出售	

二、苏格兰威士忌

以麦芽为主原料,产区多元的威士忌是苏格兰威士忌(Scotch Whisky)。

(一)苏格兰威士忌的种类

苏格兰威士忌的种类及特点详见表 3-34。

M3-8 苏格兰威士忌主要产区

表 3-34 苏格兰威士忌的种类及特点

种类	特点
单一麦芽威士忌	单一麦芽威士忌是指只用发芽大麦为原料制造,并且在苏格兰境内以橡木桶熟成超过三年的威士忌
纯麦威士忌	纯麦威士忌的酿造则完全采用泥煤熏干的大麦芽,不添加任何其他的谷物,并且必须使用壶式蒸馏锅进行蒸馏,蒸馏后酒液的酒精浓度高达 63% 左右
调和威士忌	调和威士忌由三分之一的纯麦威士忌和三分之二的谷物威士忌调配而成,这些调配的基酒可能会来自多个酒厂
谷物威士忌	谷物威士忌是指大麦、小麦和玉米等谷物经糖化后发酵、蒸馏而成的威士忌

(二)邮轮苏格兰威士忌名品

邮轮苏格兰威士忌名品如表 3-35 所示。

M3-9 邮轮苏格兰威士忌名品概述

表 3-35 邮轮苏格兰威士忌名品

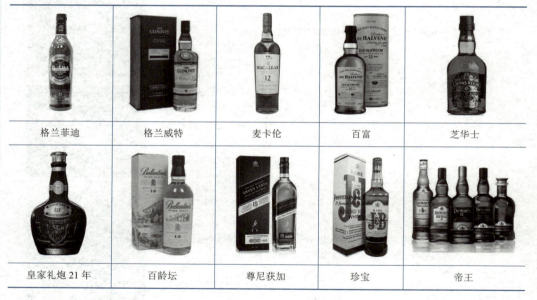

格兰菲迪	格兰威特	麦卡伦	百富	芝华士
皇家礼炮 21 年	百龄坛	尊尼获加	珍宝	帝王

三、爱尔兰威士忌

爱尔兰可以说是威士忌的发源地,爱尔兰威士忌是用发芽的大麦为原料,使用壶式蒸馏器蒸馏三次,并且依法在橡木桶中陈年三年以上的麦芽威士忌,与由未发芽大麦、小麦与裸麦经连续蒸馏所制造出的谷物威士忌调和而成。用未发芽的大麦做原料带给爱尔兰威士忌较为青涩、辛辣的口感。

邮轮爱尔兰威士忌名品如表 3-36 所示。

表3-36　邮轮爱尔兰威士忌名品

品　名	酒品概述	图示
尊美醇	1780年,约翰尊美醇在爱尔兰都柏林建立了蒸馏厂,驰名世界的尊美醇爱尔兰威士忌就此诞生。尊美醇爱尔兰威士忌没有苏格兰威士忌的煤熏味,口感清淡柔和,尤其存放于橡木桶陈年后,口感柔滑顺和,带有清新爽口的麦香味	
布什米尔	布什米尔创立于1608年,虽然经历了厂房大火、禁酒运动、与苏格兰威士忌的竞争等一系列劫难,布什米尔仍顽强地生存了下来。使用100%爱尔兰大麦麦芽,采用不经泥炭熏制的爱尔兰传统制法酿造而成。在古老的欧罗索雪莉桶中长时间酿造陈熟,具有雪莉、香草等甜美而辛辣的味道,是一款个性十足的单一麦芽威士忌	

四、美国威士忌

美国威士忌以优质的水、温和的酒质和带有焦黑橡木桶的香味而著名,尤其是美国的波本威士忌酒更是享誉世界。美国威士忌与苏格兰威士忌在制法上大致相似,但所用的谷物不同,蒸馏出的酒精浓度也比苏格兰威士忌低。

(一)美国威士忌种类

美国威士忌的常见种类及特点详见表3-37。

表3-37　美国威士忌的常见种类及特点

种类	特点
波本威士忌	波本威士忌主要原料为玉米和大麦,其中玉米至少占原料用量的51%,采取塔式蒸馏锅和壶式蒸馏锅并行的方式进行蒸馏,将酒液混合后放入全新的美国碳化橡木桶中进行陈酿,酒液的麦类风味与来自橡木桶的甜椰子和香草风味融合在一起,产生水果、蜂蜜和花朵等香气,装瓶后酒液呈琥珀色
田纳西威士忌	田纳西威士忌同波本威士忌的酿造工艺基本相同,唯一不同的是在装瓶前田纳西威士忌会使用枫木炭进行过滤,过滤后的田纳西威士忌口感更加顺滑,带有淡淡的甜味和烟熏味

(二)邮轮美国威士忌名品

邮轮美国威士忌名品详见表3-38。

表3-38　邮轮美国威士忌名品

占边	杰克丹尼	绅士杰克丹尼

M3-10　邮轮美国威士忌名品概述

续表

| 四玫瑰 | 威特基 | 美格波本威士忌 |

五、加拿大威士忌

M3-11 邮轮加拿大威士忌名品概述

加拿大威士忌酒已有 200 多年的历史，它用稞麦作为主要原料，稞麦用量占 51% 以上，再配以大麦芽及其他谷类，经发酵、蒸馏、勾兑等工艺，并在白橡木桶中陈酿至少 3 年，才能出品。

邮轮加拿大威士忌名品详见表 3-39。

表 3-39　邮轮加拿大威士忌名品

| 加拿大俱乐部 | 西格兰姆斯特醇 | 皇冠 | 艾伯塔 |

六、日本威士忌

M3-12 邮轮日本威士忌名品概述

日本威士忌的生产采用苏格兰的传统工艺和设备，从英国进口泥炭用于烟熏麦芽，从美国进口白橡木桶用于贮酒，甚至从英国进口一定数量的苏格兰麦芽威士忌原酒，专供勾兑自产的威士忌酒。日本对传统的威士忌酿造技术做了一些改变，融入了一些本土特色，最终酿造出符合日本人口味的威士忌：精致、柔和、醇正。日本威士忌相较于苏格兰威士忌，酒体较为干净，有较多水果的气味，没有苏格兰威士忌那么多麦子的气味。

邮轮日本威士忌名品详见表 3-40。

表 3-40　邮轮日本威士忌名品

| 山崎 | 白州 | 响 | 余市 | 宫城峡 |

七、威士忌饮用

（一）纯饮

（1）饮用：纯饮指100%纯粹酒液无任何添加物，可让威士忌的强劲口感直接冲击感官，是最能体会威士忌原色原味的传统品饮方式。

（2）服务：纯饮使用古典杯，每杯标准分量为45mL，服务程序和白兰地的服务程序相同，详见表3-29。

（二）加冰块

（1）饮用：主要是给想降低酒精刺激，又不想稀释威士忌的酒客们提供另一种选择。然而，威士忌加冰块虽能减弱酒精味，但也因降温而让部分香气闭锁，难以品尝出威士忌原有的风味特色。

（2）服务：古典杯中加入大颗冰块，将45mL威士忌沿着冰块慢慢倒入酒杯中，服务程序和白兰地的服务程序相同，详见表3-32。

（三）加汽水

（1）饮用：以烈酒为基酒，加入汽水的酒称为加汽水。以威士忌加汽水为例，加可口可乐或苏打水是最受欢迎的喝法。

（2）服务：在海波杯或柯林杯中先加入冰块，倒入单份（45mL）或双份（90mL）的威士忌，最后加入适量可口可乐或苏打水。

（四）加水

（1）饮用：加水堪称是全世界最普遍的威士忌饮用方式，加水的主要目的是降低酒精对嗅觉的过度刺激，依据学理而论，将威士忌加水稀释到20%的酒精度，是呈现威士忌所有香气的最佳状态。

（2）服务：向威士忌杯中倒入45mL的威士忌，再加入同等量的水。

（五）水割

（1）饮用：水割是日本人发明的一种饮用威士忌的方法，目的是减弱威士忌口感中的辛辣，突出威士忌的芳香和甘甜。

（2）服务：在柯林杯中放入冰块，搅拌冰块，然后倒掉杯内融化的水，加入45mL威士忌、112.5mL蒸馏水，搅拌融合。

任务准备

以3～4人为一个小组，准备原料和工具，如表3-41所示，采用角色扮演的方式，营造真实工作环境，以酒吧服务员的身份轮流进行威士忌加水服务。

表3-41 威士忌加水服务所需原料和用具清单

| 威士忌 | 古典杯 | 蒸馏水 | 冰铲 | 冰桶 |

续表

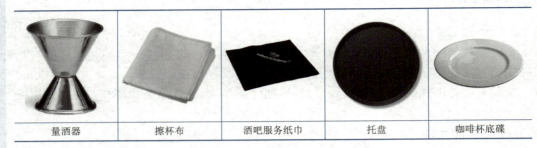

| 量酒器 | 擦杯布 | 酒吧服务纸巾 | 托盘 | 咖啡杯底碟 |

任务实施

威士忌加水服务程序，如表 3-42 所示。

表3-42　苏格兰威士忌加水服务程序

步骤	项目	操作要领	图示
第一步	擦杯	左手持擦杯布一端，手心朝上；右手取杯，杯底部放入左手手心，握住；右手将擦杯布的另一端绕起，放入杯中；右手拇指插入杯中，其他四指握住杯子外部，左右手交替转动擦拭杯子	
第二步	调制	将古典杯置于吧台，用量酒器将 45mL 威士忌量入杯中，兑入 45mL 的冰镇蒸馏水	
第三步	准备	酒水调制完毕后，放在托盘上，走到客人座位前，在客人右边服务	
第四步	服务	把一张酒吧服务纸巾摆放在客人面前的桌子上，图案正对客人。把古典杯放在靠近客人右手边的纸巾上，大声报出酒的名称："尊敬的 ×× 先生 / 漂亮的 ×× 女士，让您久等了，这是您需要 ×× 苏格兰威士忌，请慢用！"	

续表

步骤	项目	操作要领	图示
第五步	巡台	随时留意客人的酒杯，当客人的杯子快要空的时候，主动添加，并询问客人是否需要再来一杯	
第六步	收台	（1）客人离开后，整理客人桌子上的空酒杯、纸巾和垃圾。收回酒吧清洗间，空酒杯放入洗杯机中清洗，纸巾和垃圾做分类处理。 （2）清洁桌子，重新安排座位，恢复到开吧营业的状态	

任务评价

任务评价和白兰地服务相同，主要从仪容仪表、调制过程、服务程序、学习态度和综合印象几个方面进行评价，详见表3-30。

任务拓展

爱尔兰咖啡服务

一、邮轮爱尔兰咖啡酒谱

爱尔兰咖啡邮轮酒谱如图3-6所示。

爱尔兰咖啡

杯具：爱尔兰咖啡杯

调制方法：注入法

装饰物：无

配方：30毫升爱尔兰威士忌、150毫升热咖啡、30毫升鲜奶油、2粒方糖

调制过程：先向爱尔兰咖啡杯中先倒入30毫升爱尔兰威士忌至第一条线，再加入2块方糖；加热并转动爱尔兰咖啡杯，直到方糖在威士忌中完全融化；慢慢地将火源移到杯口，点燃威士忌，熄灭酒精灯，晃动酒杯，使酒精挥发出来并燃烧直到火焰熄灭，再倒入刚刚煮好的浓热咖啡至第二条金线，将鲜奶油打至发泡，缓缓倒在咖啡上

图3-6　爱尔兰咖啡邮轮酒谱

二、原料和用具准备

爱尔兰咖啡服务所需原料和用具清单如表 3-43 所示。

表 3-43 爱尔兰咖啡服务所需原料和用具清单

 尊美醇威士忌	 爱尔兰咖啡杯	 热咖啡	 量酒器
 鲜奶油	 擦杯布	 方糖	 爱尔兰咖啡炉
 酒吧服务纸巾	托盘	 点火枪	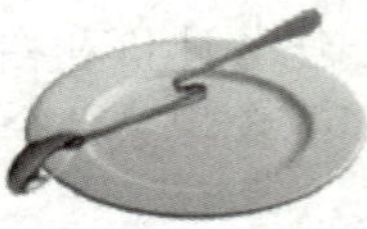 咖啡杯底碟和咖啡勺

三、爱尔兰咖啡调制

爱尔兰咖啡调制过程，如表 3-44 所示。

表 3-44 爱尔兰咖啡调制过程

步骤	项目	操作要领	图示
第一步	准备	将原料和用具依次放在工作台上，擦拭爱尔兰咖啡杯	
第二步	放材料	在爱尔兰咖啡杯中先倒入 30 毫升爱尔兰威士忌至第一条线，再加入 2 块方糖；如右图所示将爱尔兰咖啡杯置于杯架上，点燃酒精灯	

续表

步骤	项目	操作要领	图示
第三步	烤杯	左手食指与拇指握住杯子底部,右手握住杯底座。让火由杯底部烧起,此时右手慢慢转动杯底部,使杯子均匀受热	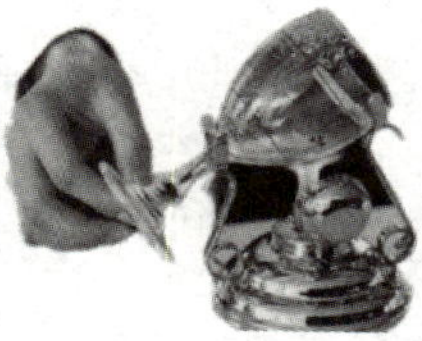
第四步	燃焰	看到杯口有雾出现,又因为温度提升雾消失时,慢慢地将火源移到杯口,点燃威士忌。此时会见到蓝色火焰。熄灭酒精灯,晃动酒杯,使酒精挥发出来并燃烧,直到火焰熄灭	
第五步	注入咖啡	倒入刚刚煮好的浓热咖啡至第二条线	
第六步	倒入奶油	鲜奶油打至发泡,缓缓倒在咖啡上,使顶部与杯上缘同高	

四、爱尔兰咖啡服务

爱尔兰咖啡服务程序,如表3-45所示。

表3-45　爱尔兰咖啡服务程序

步骤	项目	操作要领	图示
第一步	准备	爱尔兰咖啡调制完毕后,配上咖啡杯底碟和咖啡勺,放在托盘上,走到客人座位前,在客人右边服务	

续表

步骤	项目	操作要领	图示
第二步	服务	把酒吧服务纸巾摆放在客人面前的桌子上,图案正对客人。把咖啡杯底碟放在客人右手边的纸巾上,再把爱尔兰咖啡放在底碟上,配上咖啡勺,大声报出酒的名称:"尊敬的××先生/漂亮的××女士,让您久等了,这是您需要的爱尔兰咖啡,请慢用!"	
第三步	巡台	随时留意客人的酒杯,当客人的杯子快要空的时候,主动询问客人是否需要再来一杯	
第四步	收台	(1)客人离开后,整理客人桌子上的空酒杯、咖啡杯底碟、咖啡勺、纸巾和垃圾,收回酒吧清洗间。空酒杯、咖啡杯底碟和咖啡勺放入洗杯机中清洗,纸巾和垃圾做分类处理。 (2)清洁桌子,重新安排座位,恢复到开吧营业的状态	

思考题

一、单项选择题

1. ( ) 是以威士忌为基酒的。
   A. 蓝色珊瑚礁　　　　B. 亚历山大　　　　C. 爱尔兰咖啡　　　　D. 蚱蜢
2. 威士忌的发源地是( )。
   A. 苏格兰　　　　　　B. 爱尔兰　　　　　C. 美国　　　　　　　D. 英国

二、简答题

1. 威士忌的饮用方式有哪些?
2. 邮轮威士忌的名品有哪些?请至少说出 10 种。
3. 简述日本威士忌水割的服务程序。
4. 简述爱尔兰咖啡的调制流程和服务程序。

任务5　金酒服务

学习目标

1. 掌握邮轮金酒的调制过程和服务程序。

2. 知道邮轮金酒的基础知识。
3. 了解金酒的饮用与服务标准。
4. 熟悉邮轮金酒的分类和名品。

任务导入

金酒是在 1660 年，由荷兰莱顿大学的西尔维斯教授制造成功的。最初制造金酒是为了帮助在东印度地区活动的荷兰商人、海员和移民预防热带疟疾，作为利尿、清热的药剂使用。不久人们发现这种利尿剂香气和谐、口味协调，具有净、爽的自然风格，很快它就被人们作为正式的酒精饮料饮用。1689 年流亡荷兰的威廉三世回到英国继承王位，于是金酒传入英国。

知识学习

M3-13 金酒的饮用与服务

一、金酒的定义

金酒诞生在荷兰，闻名于英国，又名杜松子酒、琴酒或毡酒，是以谷物为原料，加入杜松子等香料，经过发酵、蒸馏制成的烈酒。

二、金酒的分类

金酒的类型详见表 3-46。

表3-46 金酒的类型

类型	概述	常见品牌
荷式金酒	荷式金酒是以大麦为主要原料，配以杜松子酶为调香材料，经发酵后蒸馏三次获得的谷物原酒，香料味浓重，辣中带甜，酒精度在 35%～45%，主要适于纯饮（净饮）。荷兰金酒标签上的"Jonge"意为新酒，"Oulde"意为陈酒，"ZOulde"意为陈酿	波尔斯、波克马、邦斯马、哈瑟坎坡
伦敦干金	伦敦干金是以玉米为主要原料，比例占到了 75%，再配以其他谷物，通过连续蒸馏方式得到的烈性酒。它口味清淡，容易被人们接受，用途广泛，用于纯饮（净饮）和充当鸡尾酒的基酒	必富达、哥顿、添加利
美式金酒	美式金酒为淡金黄色，因为与其他金酒不同，它要在橡木桶中陈年一段时间。美式金酒主要有蒸馏金酒和混合金酒两大类。通常情况下，美国的蒸馏金酒在瓶底部有"D"字母，这是美国蒸馏金酒的特殊标志。混合金酒是用食用酒精和杜松子简单混合而成的，很少用于单饮，多用于调制鸡尾酒	汉娜
加味型金酒	加味型（香甜型）金酒是往酒里添加了有天然风味的物质（苹果、柠檬、薄荷、橘子和菠萝等）。1992 年美国联邦法规定，此酒瓶装时酒精浓度不得低于 60 度，按容积换算酒精含量为 30%，主要的加味物将作为酒名的一部分	柠檬金酒、黑刺李金酒

三、金酒的饮用

（一）加冰块

在酒杯中加入几粒冰块和一片柠檬，再在杯子里加入金酒，此时，会有一股杜松子的味道,清香爽口。

(二)金酒加汤力水

金汤力(金酒+汤力水+冰+柠檬)为餐前鸡尾酒,带有淡淡的杜松子香和柠檬香,清澈甘洌。

四、邮轮金酒名品

邮轮金酒名品详见表3-47。

表3-47 邮轮金酒名品

添加利 产地:英国	哥顿 产地:英国	必富达 产地:英国	钻石 产地:英国
孟买宝石蓝 产地:英国	亨利爵士 产地:英国	施格兰 产地:美国	波尔斯 产地:荷兰
汉娜 产地:美国	添加利10号 产地:英国	海曼黑刺李金酒 产地:英国	植物学家 产地:苏格兰

M3-14 邮轮金酒名品概述

任务准备

以3~4人为一个小组,准备原料和工具,如表3-48所示,采用角色扮演的方式,营造真实工作环境,以酒吧服务员的身份轮流进行金酒加冰服务。

项目三　走进酒吧去服务——成为一名邮轮酒吧服务员

表3-48　金酒加冰服务所需原料和用具清单

添加利金酒	冰块	青柠檬片	冰桶
古典杯	镊子	冰铲	鸡尾酒搅拌棒
托盘	量酒器	擦杯布	酒吧服务纸巾

任务实施

金酒加冰服务程序，如表3-49所示。

表3-49　金酒加冰服务程序

步骤	项目	操作要领	图示
第一步	擦杯	左手持擦杯布一端，手心朝上；右手取杯，杯底部放入左手手心，握住；右手将擦杯布的另一端绕起，放入杯中；右手拇指插入杯中，其他四指握住杯子外部，左右手交替转动擦拭杯子	
第二步	调制	在古典杯中加入少量冰块，置于吧台，用量酒器将45mL添加利金酒量入杯中	

续表

步骤	项目	操作要领	图示
第三步	装饰	用镊子夹取青柠檬片挂杯装饰，放上鸡尾酒搅拌棒	
第四步	准备	金酒调制完毕后，放在托盘上，走到客人座位前，在客人右边服务	
第五步	服务	把酒吧服务纸巾摆放在客人面前的桌子上，图案正对客人。把古典杯放在靠近客人右手边的纸巾上，大声报出酒的名称："尊敬的××先生／漂亮的××女士，让您久等了，这是您需要的添加利金酒加冰，请慢用！"	
第六步	巡台	随时留意客人的酒杯，当客人的杯子快要空的时候，主动询问客人是否需要再来一杯	
第七步	收台	（1）客人离开后，整理客人桌子上的空酒杯、纸巾、水果装饰物和垃圾，收回酒吧清洗间。空酒杯放入洗杯机中清洗，纸巾、水果和垃圾做分类处理。 （2）清洁桌子，重新安排座位，恢复到开吧营业的状态	

任务评价

任务评价和白兰地服务相同，主要从仪容仪表、调制过程、服务程序、学习态度和综合印象几个方面进行评价，详见表3-30。

任务拓展

金汤力服务

一、邮轮金汤力酒谱

金汤力邮轮酒谱如图3-17所示。

金汤力
杯具：柯林杯
调制方法：注入法
装饰物：柠檬角
配方：45毫升添加利金酒、150毫升汤力水、1个柠檬角
调制过程：在柯林杯中加满冰块，先注入45毫升添加利金酒，再用汤力水注至八至九分满

图3-7 金汤力邮轮酒谱

二、原料和用具

金汤力服务所需原料和用具清单如表3-50所示。

表3-50 金汤力服务所需原料和用具清单

添加利	柯林杯	冰块	量酒器	柠檬角
擦杯布	汤力水	冰铲	酒吧服务纸巾	托盘
镊子	咖啡杯底碟	吸管	冰桶	

三、金汤力调制

金汤力调制过程，如表 3-51 所示。

表3-51　金汤力调制过程

步骤	项目	操作要领	图示
第一步	准备	将原料和用具依次放在工作台上	
第二步	擦杯	左手持擦杯布一端，手心朝上；右手取杯，杯底部放入左手手心，握住；右手将擦杯布的另一端绕起，放入杯中；右手拇指插入杯中，其他四指握住杯子外部，左右手交替转动擦拭杯子	
第三步	冰杯	在柯林杯中加入冰块，使酒杯冷却	
第四步	放材料	将柯林杯置于吧台，用量酒器将 45mL 添加利金酒量入杯中，用汤力水注至八至九分满	
第五步	装饰	用镊子夹取柠檬角和吸管入杯装饰	
第六步	清洁	调制完毕后，随手清洁台面，养成良好的职业习惯	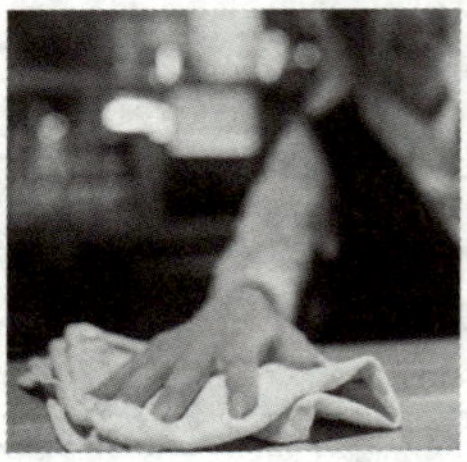

项目三　走进酒吧去服务——成为一名邮轮酒吧服务员

四、金汤力服务

金汤力服务程序，如表 3-52 所示。

表3-52　金汤力服务程序

步骤	项目	操作要领	图示
第一步	准备	金汤力调制完毕后，放在托盘上，走到客人座位前，在客人右边服务	
第二步	服务	把酒吧服务纸巾摆放在客人面前的桌子上，图案正对客人。把柯林杯放在靠近客人右手边的纸巾上，大声报出酒的名称："尊敬的××先生／漂亮的××女士，让您久等了，这是您需要的金汤力，请慢用！"	
第三步	巡台	随时留意客人的酒杯，当客人的杯子快要空的时候，主动询问客人是否需要再来一杯	
第四步	收台	（1）客人离开后，整理客人桌子上的空酒杯、纸巾、水果装饰物和垃圾，收回酒吧清洗间。空酒杯放入洗杯机中清洗，纸巾、水果和垃圾做分类处理。 （2）清洁桌子，重新安排座位，恢复到开吧营业的状态	

思考题

一、单项选择题

1. 人们习惯上称金酒为（　　）。
   A. 黄金液酒　　　　B. 杜松子酒　　　　C. 金樽酒　　　　D. 金阳酒
2. 调制金汤力的原料是（　　）。
   A. 金酒、汤力水　　B. 金酒、苏打水　　C. 金酒、雪碧　　D. 金酒、矿泉水
3. 金酒的发源地是（　　）。
   A. 苏格兰　　　　　B. 荷兰　　　　　　C. 美国　　　　　D. 英国

二、多项选择题

金酒分为（　　）。

A. 荷式金酒　　　B. 伦敦干金　　　C. 中式金酒　　　D. 加味型金酒

三、简答题

1. 简述金酒、白兰地和威士忌的区别。
2. 邮轮金酒的名品有哪些？请至少说出 8 种。
3. 简述金酒的饮用方式与服务程序。

任务6　伏特加服务

学习目标

1. 掌握邮轮伏特加的调制过程和服务程序。
2. 知道邮轮伏特加的基础知识。
3. 了解伏特加的饮用方式与服务标准。
4. 熟悉邮轮伏特加的分类和名品。

任务导入

阿拉斯加航线第 11 个航程的第 4 天邮轮在斯凯威市停靠，斯凯威的白色通道景观铁路修建于 1898 年，堪称"世界景观铁路"。这条铁路修建在 3000 英尺（约 910 米）的高山上，盘绕在崇山峻岭，蜿蜒曲折，地势险峻。铁路周围是白雪皑皑的高山，由此得名"白色通道"，每年 5～9 月通行。游客可以乘坐老式火车观赏铁路沿线旖旎风光。上两个航程出色的销售业绩和服务评价，为我赢得了乘坐火车观光的奖励和在伏特加真冰酒吧工作的机会。

M3-15　伏特加饮用与服务

知识学习

一、伏特加基础知识

（一）伏特加的定义

伏特加不甜、不苦、不涩，只有烈焰般的刺激性，以马铃薯、玉米、大麦或黑麦为原料，通过蒸煮的方法，先将原料中的淀粉进行糖化，再采用蒸馏法蒸馏出酒度含量高达 96% 的酒液，完成后使用木炭进行过滤，吸附酒液中的杂质，装瓶前再用蒸馏水稀释成酒精含量约为 40%～50% 的烈性酒。

（二）伏特加的分类

依照产地的不同可将伏特加分为波兰伏特加、俄罗斯伏特加、芬兰伏特加、瑞典伏特加、法国伏特加、荷兰伏特加和美国伏特加，详见表 3-53。

表3-53 伏特加的类型

类型	概述	常见品牌
波兰伏特加	波兰酿造伏特加的工艺与俄罗斯相似，区别只是波兰人在酿造过程中，加入一些草卉、植物果实等调香原料，所以波兰伏特加比俄罗斯伏特加口感丰富，更富韵味	斯皮亚图斯、维波罗瓦、终极、肖邦伏特加、雪树
俄罗斯伏特加	俄罗斯伏特加最初用大麦为原料，以后逐渐改用含淀粉多的马铃薯和玉米，酒液透明，除酒香外，几乎没有其他香味，口味凶烈，劲大冲鼻	苏联红牌、苏联绿牌、斯丹达、艾达龙
芬兰伏特加	芬兰伏特加1970年诞生于北欧芬兰的斯堪的纳维亚，1971年进入美国市场，选用经过10000年的冰碛过滤，使用芬兰冰川水及六棱大麦酿造。它的品质纯净且独具天然的北欧风味及传统，因而树立了高级伏特加的品牌形象	芬兰地亚
瑞典伏特加	伏特加在瑞典的历史悠久，最初瑞典人称之为"燃烧的酒"，瑞典酿制出的绝对伏特加是其代表。位于瑞典首都斯德哥尔摩诺蒂克酒店的绝对冰吧，更是现代伏特加文化的缩影	绝对伏特加
法国伏特加	法国北部有着蒸馏烈酒的悠久传统，而且法国在混合勾配和品质监控上首屈一指。现在，卓越的灰雁品牌伏特加在世界各地深受欢迎	灰雁伏特加、诗珞珂
荷兰伏特加	荷兰的蒸馏技术精湛，正在酿造很多一流的伏特加	皇族、凯特1号
美国伏特加	美国是传统的伏特加进口国，其凉爽的气候为酿造伏特加提供了较好条件	提顿冰川、蓝天、皇冠伏特加、提托

二、伏特加的饮用

（一）冰冻净饮

1. 饮用：大多数伏特加爱好者相信，直接喝伏特加是享受这种饮料的正确方法，先提前将伏特加冷藏，酒瓶上会形成一层薄霜，酒水质地也会变得较稠。饮用时，将伏特加倒入冰镇过的杯子，然后一口灌下，入口后酒液口感醇厚，入腹则顿觉热流遍布全身。

2. 服务：冰冻净饮时选用子弹杯，标准分量为30mL。

（二）混合饮料

1. 饮用：伏特加属烈酒，加入软饮后，可以缓解酒的刺激味道，使得烈酒更好入口，而入口后的味道也是软饮配合酒精的味道，细软而醇香。

2. 服务：用量酒器将45mL伏特加倒入柯林杯中，加满冰块，注入软饮至八九分满，最后用橙片或柠檬片装饰。

三、邮轮伏特加名品

邮轮伏特加名品详见表 3-54。

表3-54 邮轮伏特加名品

M3-16 邮轮伏特加名品概述

斯皮亚图斯 产地：波兰	维波罗瓦 产地：波兰	终极 产地：波兰	肖邦伏特加 产地：波兰	雪树 产地：波兰
苏联红牌 产地：俄罗斯	苏联绿牌 产地：俄罗斯	斯丹达 产地：俄罗斯	艾达龙 产地：俄罗斯	芬兰地亚 产地：芬兰
绝对原味伏特加 产地：瑞典	绝对伏特加（辣椒味） 产地：瑞典	绝对伏特加（柠檬味） 产地：瑞典	绝对亦乐伏特加 产地：瑞典	绝对伏特加（柑橘味） 产地：瑞典
绝对伏特加（香草味） 产地：瑞典	绝对伏特加（红柚味） 产地：瑞典	灰雁伏特加 产地：法国	诗珞珂 产地：法国	皇族 产地：荷兰
凯特1号 产地：荷兰	提顿冰川 产地：美国	蓝天 产地：美国	皇冠伏特加 产地：美国	提托 产地：美国

任务准备

以 3～4 人为一个小组,准备原料和工具,如表 3-55 所示,采用角色扮演的方式,营造真实工作情境,以酒吧服务员的身份轮流进行伏特加加果汁等软饮服务。

表3-55 伏特加加果汁等软饮服务所需原料和用具清单

 伏特加	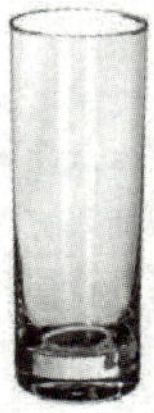 柯林杯	 冰块	 量酒器
 蔓越莓汁	 橙汁	 青柠片	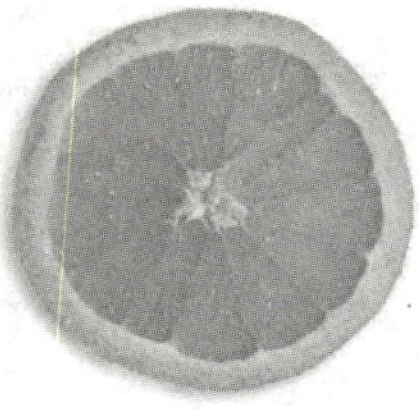 橙片
 干姜水	 冰铲	 酒吧服务纸巾	托盘
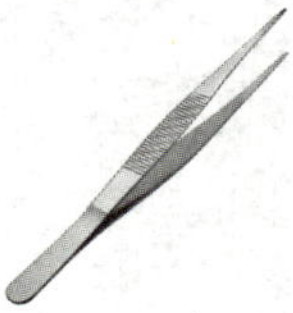 镊子	 咖啡杯底碟	 吸管	 擦杯布

任务实施

一、伏特加加橙汁调制

伏特加加橙汁,就是螺丝刀鸡尾酒。调制过程如表 3-56 所示。

表3-56 伏特加加橙汁调制过程

步骤	项目	操作要领	图示
第一步	准备	将原料和用具依次放在工作台上	
第二步	擦杯	左手持擦杯布一端，手心朝上；右手取杯，杯底部放入左手手心，握住；右手将擦杯布的另一端绕起，放入杯中；右手拇指插入杯中，其他四指握住杯子外部，左右手交替转动擦拭杯子	
第三步	冰杯	在柯林杯中加入冰块，使酒杯冷却	
第四步	放材料	将柯林杯置于吧台，用量酒器将45mL伏特加倒入杯中，注入橙汁至八九分满	
第五步	装饰	用镊子夹取橙片挂杯和吸管入杯装饰	
第六步	清洁	调制完毕后，随手清洁台面，养成良好的职业习惯	

二、伏特加加橙汁服务

伏特加加橙汁（螺丝刀鸡尾酒）服务程序，如表 3-57 所示。

表3-57　伏特加加橙汁（螺丝刀鸡尾酒）服务程序

步骤	项目	操作要领	图示
第一步	服务	螺丝刀鸡尾酒调制完毕后，放在托盘上，走到客人座位前，在客人右边服务	
第二步	饮用	把酒吧服务纸巾摆放在客人面前的桌子上，图案正对客人。把柯林杯放在靠近客人右手边的纸巾上，大声报出酒的名称："尊敬的××先生/漂亮的××女士，让您久等了，这是您需要的螺丝刀鸡尾酒，请慢用！"	
第三步	销售	随时留意客人的酒杯，当客人的杯子快要空的时候，主动询问客人是否需要再来一杯	
第四步	收台	（1）客人离开后，整理客人桌子上的空酒杯、纸巾、水果装饰物和垃圾，收回酒吧清洗间。空酒杯放入洗杯机中清洗，纸巾、水果和垃圾做分类处理。 （2）清洁桌子，重新安排座位，恢复到开吧营业的状态	

小经验：伏特加加其他软饮的服务可参考螺丝刀鸡尾酒服务程序，只需更换软饮。伏特加加蔓越莓汁用青柠檬角挂杯装饰，伏特加加干姜水用青柠片入杯装饰。

任务评价

任务评价和白兰地服务的任务评价相同，主要从仪容仪表、调制过程、服务程序、学习态度和综合印象几个方面进行评价，详见表 3-30。

任务拓展

伏特加纯饮服务

一、原料和用具准备

伏特加纯饮服务所需原料和用具清单如表 3-58 所示。

表3-58 伏特加纯饮服务所需原料和用具清单

 伏特加	 烈酒杯	 酒吧服务纸巾	托盘

二、伏特加纯饮服务

伏特加纯饮服务程序，如表 3-59 所示。

表3-59 伏特加纯饮服务程序

步骤	项目	操作要领	图示
第一步	冷藏	将整瓶伏特加放入酒吧冰柜冷冻层中，冰冻半小时左右，拿出来大力摇晃瓶身，直到酒液变得黏稠	
第二步	倒酒	将冰冻烈酒杯置于吧台，将冰冻伏特加倒入杯中至九分满	
第三步	准备	酒水调制完毕后，放在托盘上，走到客人座位前，在客人右边服务	

续表

步骤	项目	操作要领	图示
第四步	服务	把酒吧服务纸巾摆放在客人面前的桌子上，图案正对客人。把烈酒杯放在靠近客人右手边的纸巾上，大声报出酒的名称："尊敬的××先生/漂亮的××女士，让您久等了，这是您需要的××伏特加，请慢用！"	
第五步	巡台	随时留意客人的酒杯，当客人的杯子快要空的时候，主动询问客人是否需要再来一杯	
第六步	收台	（1）客人离开后，整理客人桌子上的空酒杯、纸巾和垃圾，收回酒吧清洗间。空酒杯放入洗杯机中清洗，纸巾和垃圾做分类处理。 （2）清洁桌子，重新安排座位，恢复到开吧营业的状态	

小经验： 伏特加酒精度数高达40度，属于烈酒，冰点在水（0℃）与酒精（-114℃）之间，酒精浓度越高越接近酒精的冰点，所以整瓶伏特加放入酒吧冰柜冷冻层中，一般不会结冰，但不宜长时间放置，长时间的冷冻会损害伏特加的天然香气。

思考题

一、单项选择题

1. 螺丝刀鸡尾酒的调制原料是（　　）。
   A. 伏特加、蔓越莓汁　　　　　　　B. 伏特加、干姜水
   C. 伏特加、橙汁　　　　　　　　　D. 伏特加、柠檬汁

2. 酿造伏特加的主要原料是（　　）。
   A. 葡萄　　　　B. 马铃薯　　　　C. 高粱　　　　D. 龙舌兰

二、多项选择题

伏特加分为（　　）。
A. 波兰伏特加　　　B. 绝对伏特加　　　C. 法国伏特加　　　D. 美国伏特加

三、简答题

1. 邮轮伏特加的名品有哪些？请至少说出 10 种。
2. 简述伏特加的饮用方式与服务程序。

任务7　朗姆酒服务

学习目标

1. 掌握邮轮朗姆酒的调制过程和服务程序。
2. 知道邮轮朗姆酒的基础知识。
3. 了解朗姆酒的饮用方式与服务标准。
4. 熟悉邮轮朗姆酒分类和名品。

任务导入

17 世纪初，在北美洲的巴巴多斯岛，一位掌握蒸馏技术的英国移民以甘蔗为原料，蒸馏出了朗姆酒，当地居民喝得很兴奋，而兴奋一词在当时的英语中为"Rumbullion"，所以他们用词首 Rum 作为这种酒的名字，很快这种酒就成为廉价的大众化烈酒。我们经常在一些影片中看到海盗们就是拎着一瓶朗姆酒，喝得醉醺醺的，因此朗姆酒的绰号又叫"海盗之酒"。18 世纪，随着世界航海技术的进步，朗姆酒在世界上广泛流行。

M3-17　朗姆酒饮用与服务

知识学习

一、朗姆酒的定义

朗姆酒是以甘蔗压榨出来的甘蔗汁或制糖工业的副产品糖蜜为原料，经发酵、蒸馏、陈酿、调配而成的一种蒸馏酒。它的主要产区集中在盛产甘蔗及蔗糖的地区，如牙买加、古巴、海地、多米尼加、波多黎各、圭亚那等加勒比海沿岸的一些国家，其中牙买加、古巴生产的朗姆酒最有名。

二、朗姆酒的分类

朗姆酒的类型与特点详见表 3-60。

表3-60　朗姆酒的类型与特点

品名	特点	常见品牌
白朗姆	白朗姆又称银朗姆，蒸馏后的酒需经活性炭过滤后入桶陈酿一年以上。酒味较干，香味不浓，无色	百加得银、哈瓦那银
金朗姆	金朗姆又称琥珀朗姆，蒸馏后的酒需存入内侧灼焦的旧橡木桶中陈酿至少三年。酒色较深，酒味略甜，香味较浓，呈淡褐色	摩根船长金、百加得金

续表

品名	特点	常见品牌
黑朗姆	黑朗姆又称红朗姆，是指在生产过程中需加入一定的香料汁液或焦糖调色剂的朗姆酒。酒色较浓（深褐色或棕红色），酒味芳醇	美雅仕黑、百加得黑
加香朗姆酒	加香朗姆酒常在白朗姆或无须陈年的朗姆酒中加入水果或香料。它们的酒精度通常偏低，主要用在创意鸡尾酒中	克鲁赞椰子、百加得橙子、百加得青柠
朗姆预调酒	是以朗姆酒为基底，混合新鲜果汁、高纯水、白砂糖、食品添加剂等，进行调配、混合或再加工制成的，已改变了其原基酒风格的饮料酒	百加得冰锐、马利宝预调酒

三、朗姆酒饮用

（一）加冰

（1）饮用：朗姆酒加冰是最直接简单的饮用方法。加冰块能缓解酒的烈度，从舌尖到口腔刺激慢慢由强转弱，是一种不一样的感官体验。

（2）服务：在古典杯中加满大颗冰块，将 45mL 朗姆酒沿着杯壁缓缓倒入加了冰块的酒杯中。

（二）自由古巴

（1）饮用：自由古巴鸡尾酒起源于美西战争，据说在古巴首都哈瓦那登陆的一个美军少尉在酒吧要了朗姆酒，他看到对面座位上的战友们在喝可乐，就突发奇想把可乐加入了朗姆酒中，用柠檬片作为装饰，并举杯对战友们高呼："Cuba libre!"从此就有了自由古巴这款鸡尾酒。

（2）服务：在加了冰块的古典酒杯中倒入 45mL 朗姆酒，再慢慢倒入可乐，让可乐、酒、冰块互相碰撞，最后用一片青柠檬片点缀。

四、邮轮朗姆酒名品

邮轮朗姆酒名品如表 3-61 所示。

表 3-61　邮轮朗姆酒名品

| 百加得 产地：古巴 | 摩根船长 产地：牙买加 | 美雅士 产地：牙买加 | 哈瓦那俱乐部 产地：古巴 |
| 布里斯托尔 产地：英格兰 | 奇峰 产地：巴巴多斯 | 卡查萨 产地：巴西 | 邦达伯格 产地：澳大利亚 |

M3-18　邮轮朗姆酒名品概述

续表

凯帕顶级兰姆酒 产地：危地马拉	马利宝 产地：西班牙	外交官精选珍藏朗姆酒 产地：委内瑞拉

任务准备

以 3～4 人为一个小组，准备原料和工具，如表 3-62 所示，采用角色扮演的方式，营造真实工作情境，以酒吧服务员的身份轮流进行朗姆酒加可乐即自由古巴服务。

表3-62 自由古巴服务所需原料和用具清单

 朗姆酒	 冰块	 青柠檬角	 可口可乐	 古典杯
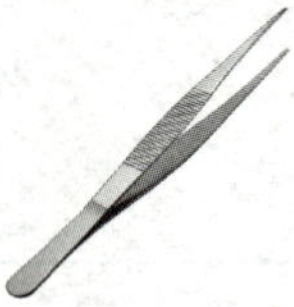 镊子	 冰铲	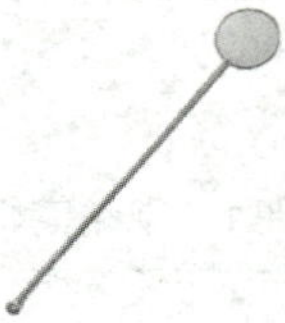 鸡尾酒搅拌棒	托盘	 冰桶
 量酒器	 擦杯布	酒吧服务纸巾	 咖啡杯底碟	

任务实施

一、自由古巴调制

自由古巴调制过程如表 3-63 所示。

表3-63 自由古巴调制过程

步骤	项目	操作要领	图示
第一步	准备	将原料和用具依次放在工作台上	
第二步	擦杯	左手持擦杯布一端,手心朝上;右手取杯,杯底部放入左手手心,握住;右手将擦杯布的另一端绕起,放入杯中;右手拇指插入杯中,其他四指握住杯子外部,左右手交替转动擦拭杯子	
第三步	冰杯	在古典杯中加入冰块,使酒杯冷却	
第四步	放材料	将古典杯置于吧台,用量酒器将45mL朗姆酒倒入杯中,注入冰镇可口可乐至八九分满	
第五步	装饰	用镊子夹取青柠檬角和搅拌棒入杯装饰	
第六步	清洁	调制完毕后,随手清洁台面,养成良好的职业习惯	

二、自由古巴服务

自由古巴服务程序,如表 3-64 所示。

表3-64 自由古巴服务程序

步骤	项目	操作要领	图示
第一步	准备	自由古巴调制完毕后，放在托盘上，走到客人座位前，在客人右边服务	
第二步	服务	把酒吧服务纸巾摆放在客人面前的桌子上，图案正对客人。把古典杯放在靠近客人右手边的纸巾上，大声报出酒的名称："尊敬的××先生/漂亮的××女士，让您久等了，这是您需要的自由古巴，请慢用！"	
第三步	巡台	随时留意客人的酒杯，当客人的杯子快要空的时候，主动询问客人是否需要再来一杯	
第四步	收台	（1）客人离开后，整理客人桌子上的空酒杯、纸巾、水果装饰物和垃圾，收回酒吧清洗间。空酒杯放入洗杯机中清洗，纸巾、水果和垃圾做分类处理。 （2）清洁桌子，重新安排座位，恢复到开吧营业的状态	

任务评价

任务评价和白兰地服务的任务评价相同，主要从仪容仪表、调制过程、服务程序、学习态度和综合印象几个方面进行评价，详见表3-30。

任务拓展

朗姆酒加冰服务

一、原料和用具准备

朗姆酒加冰服务所需原料和用具清单如表3-65所示。

表3-65 朗姆酒加冰服务所需原料和用具清单

 朗姆酒	 古典杯	 冰块	 冰铲	 冰桶
 量酒器	 擦杯布	 酒吧服务纸巾	托盘	 咖啡杯底碟

二、朗姆酒加冰服务

朗姆酒加冰服务程序详见表 3-66 所示。

表3-66 朗姆酒加冰服务程序

步骤	项目	操作要领	图示
第一步	擦杯	左手持擦杯布一端,手心朝上;右手取杯,杯底部放入左手手心,握住;右手将擦杯布的另一端绕起,放入杯中;右手拇指插入杯中,其他四指握住杯子外部,左右手交替转动擦拭杯子	
第二步	调制	在古典杯中加入少量冰块,置于吧台,用量酒器将 45mL 朗姆酒倒入杯中	
第三步	准备	调制完毕后,放在托盘上,走到客人座位前,在客人右边服务	

续表

步骤	项目	操作要领	图示
第四步	服务	把酒吧服务纸巾摆放在客人面前的桌子上,图案正对客人。把古典杯放在靠近客人右手边的纸巾上,大声报出酒的名称,"尊敬的××先生/漂亮的××女士,让您久等了,这是您需要的朗姆酒加冰,请慢用!"	
第五步	巡台	随时留意客人的酒杯,当客人的杯子快要空的时候,主动询问客人是否需要再来一杯	
第六步	收台	(1) 客人离开后,整理客人桌子上的空酒杯、纸巾、水果装饰物和垃圾,收回酒吧清洗间。空酒杯放入洗杯机中清洗,纸巾、水果和垃圾做分类处理。 (2) 清洁桌子,重新安排座位,恢复到开吧营业的状态	

思考题

一、单项选择题

1. 自由古巴的调制原料是(　　)。
   A. 朗姆酒、汤力水　　　　　　　　B. 朗姆酒、苏打水
   C. 朗姆酒、可口可乐　　　　　　　D. 朗姆酒、雪碧
2. 酿造朗姆酒的原料是(　　)。
   A. 葡萄　　　　B. 马铃薯　　　　C. 麦子　　　　D. 甘蔗

二、简答题

1. 邮轮朗姆酒的名品有哪些?请至少说出8种。
2. 简述朗姆酒的饮用方式与服务程序。

任务8　特基拉服务

学习目标

1. 掌握邮轮特基拉的调制过程和服务程序。
2. 知道特基拉的基础知识。

3. 了解特基拉的饮用方式与服务标准。
4. 熟悉邮轮特基拉的分类和名品。

任务导入

3世纪时，居住于墨西哥的原住民阿兹特克人将龙舌兰汁液发酵，制成了一种乳白色的低度酒，叫布尔盖。16世纪初，西班牙殖民者踏足墨西哥时，不仅带来了大批量的高度烈酒以供消耗，而且也带来了先进的蒸馏术，当海运过来的白兰地被全部喝完时，西班牙人将目光转向了有奇特植物香味的布尔盖酒，但又嫌这种发酵酒的酒精度太低。于是西班牙人在墨西哥根据已有的经验搭建蒸馏设备，将布尔盖酒进行蒸馏处理，也得到了一种酒精度数相当高的烈酒，而这就是龙舌兰酒的雏形。特基拉是龙舌兰酒一族的顶峰，只有在墨西哥哈利斯科州特基拉镇，使用蓝色龙舌兰的根茎酿造的龙舌兰酒才有资格冠名"特基拉"。

知识学习

一、特基拉基础知识

特基拉是一种以墨西哥哈利斯科州特基拉镇种植的蓝色龙舌兰为原料（图3-8），经发酵、蒸馏、陈酿和勾兑而成的烈性酒。特基拉酒味道偏苦，苦辣之中散发浓郁的香草、香料及龙舌兰香气。

图3-8 蓝色龙舌兰

特基拉的等级标准详见表3-67。

表3-67 特基拉的等级标准

等级	概念
银色	银色特基拉是一种经短暂陈酿或未经陈酿的酒。银色特基拉规定了陈酿时间的上限为30天，通常拥有比较强烈辛辣的植物香气

M3-19 特基拉饮用与服务

续表

等级	概念
金色	金色特基拉通常是由银色特基拉和陈酿特基拉混合调配而成
微陈	"Reposado"在西班牙语中意为"休息的",微陈特基拉要经过一定时间的橡木桶陈酿,但是一般不会超过1年,风味浓厚,口感有一定的层次感
陈年	"Anejo"在西班牙文语中意为"陈年的",陈年特基拉在橡木桶中陈酿的时间超过1年,而且没有上限,必须使用容量不超过350升的橡木桶进行陈酿,一般品质最佳的陈年特基拉所需的陈酿时间为4~5年

二、特基拉的饮用

(一)净饮

(1)饮用:左手捏柠檬片,先舔一口盐,喝下一小杯特基拉,再咬一口柠檬,风味独特。

(2)服务:使用子弹杯,每杯标准分量为30mL,用盐边和青柠檬片装饰。

(二)特基拉日出

(1)饮用:特基拉日出中浓烈的龙舌兰香味容易使人想起墨西哥的朝霞。20世纪70年代滚石乐队的成员迈克·杰格在墨西哥演出时特别喜欢喝这款鸡尾酒,使得这款鸡尾酒更出名。

(2)服务:在柯林杯中加满冰块,倒入45mL特基拉酒,注入橙汁,然后沿杯壁缓缓倒入红石榴糖浆,使其沉入杯底,并使其自然浮起呈太阳喷薄欲出状,用香橙片挂杯装饰。

三、邮轮特基拉名品

邮轮特基拉名品见表3-68所示。

表3-68 邮轮特基拉名品

| 豪帅快活 | 豪帅快活传统 | 索查 | 索查特莱珍 |
| 1800特基拉 | 唐胡里奥银色特基拉 | 唐胡里奥微陈特基拉 | 唐胡里奥陈年特基拉 |

续表

懒虫	征服者	培恩莱萨	奥米加

M3-20 邮轮特基拉名品概述

任务准备

以 3～4 人为一个小组，准备原料和工具，如表 3-69 所示，采用角色扮演的方式，营造真实工作情境，以酒吧服务员的身份轮流进行特基拉日出服务。

表3-69 特基拉日出服务所需原料和用具清单

特基拉	柯林杯	冰块	量酒器	橙片
橙汁	红石榴糖浆	冰铲	酒吧服务纸巾	托盘
镊子	咖啡杯底碟	吸管	擦杯布	冰桶

任务实施

一、特基拉日出调制

特基拉日出调制过程如表 3-70 所示。

表3-70 特基拉日出调制过程

步骤	项目	操作要领	图示
第一步	准备	将原料和用具依次放在工作台上	
第二步	擦杯	左手持擦杯布一端,手心朝上;右手取杯,杯底部放入左手手心,握住;右手将擦杯布的另一端绕起,放入杯中;右手拇指插入杯中,其他四指握住杯子外部,左右手交替转动擦拭杯子	
第三步	冰杯	在柯林杯中加入冰块,使酒杯冷却	
第四步	放材料	将柯林杯置于吧台,用量酒器将45mL特基拉倒入杯中,注入橙汁至八九分满	
第五步	装饰	注入15mL红石榴糖浆,用镊子夹取橙片挂杯和吸管入杯装饰	
第六步	清洁	调制完毕后,随手清洁台面,养成良好的职业习惯	

小经验:注入红石榴糖浆可以借助吧匙,使糖浆沿杯壁缓缓沉入杯底,然后使其自然浮起呈太阳喷薄欲出状,不可搅拌。

二、特基拉日出服务

特基拉日出服务程序,如表 3-71 所示。

表 3-71 特基拉日出服务程序

步骤	项目	操作要领	图示
第一步	服务	特基拉日出调制完毕后,放在托盘上,走到客人座位前,在客人右边服务	
第二步	饮用	把酒吧服务纸巾摆放在客人面前的桌子上,图案正对客人。把柯林杯放在靠近客人右手边的纸巾上,大声报出酒的名称:"尊敬的 ×× 先生 / 漂亮的 ×× 女士,让您久等了,这是您需要的特基拉日出,请慢用!"	
第三步	销售	随时留意客人的酒杯,当客人的杯子快要空的时候,主动询问客人是否需要再来一杯	
第四步	收台	(1)客人离开后,整理客人桌子上的空酒杯、纸巾、水果装饰物和垃圾,收回酒吧清洗间。空酒杯放入洗杯机中清洗,纸巾、水果和垃圾做分类处理。 (2)清洁桌子,重新安排座位,恢复到开吧营业的状态	

任务评价

任务评价和白兰地服务的任务评价相同,主要从仪容仪表、调制过程、服务程序、学习态度和综合印象几个方面进行评价,详见表 3-30。

任务拓展

特基拉纯饮服务

特基拉纯饮是流行的饮用方式,先舔一口盐,喝下一小杯特基拉,再咬一口青柠檬,风味独特。

一、原料和用具准备

特基拉纯饮服务所需原料和用具清单如表 3-72 所示。

表3-72 特基拉纯饮服务所需原料和用具清单

 特基拉	 烈酒杯	 食盐	 青柠檬角	 擦杯布
 鸡尾酒沾边盒	 青柠汁	 酒吧服务纸巾	托盘	 咖啡杯底碟

二、特基拉纯饮服务

特基拉纯饮服务程序，如表 3-73 所示。

表3-73 特基拉纯饮服务程序

步骤	项目	操作要领	图示
第一步	擦杯	左手持擦杯布一端，手心朝上；右手取杯，杯底部放入左手手心，握住；右手将擦杯布的另一端绕起，放入杯中；右手拇指插入杯中，其他四指握住杯子外部，左右手交替转动擦拭杯子	
第二步	沾边	右手拿烈酒杯底，将杯口倒置于鸡尾酒沾边盒的青柠檬汁层和盐层，沾上薄薄一层盐边备用	
第三步	倒酒	将盐边烈酒杯置于吧台，将特基拉倒入杯中至九分满	

续表

步骤	项目	操作要领	图示
第四步	装饰	用镊子夹取青柠檬角放在杯口装饰	
第五步	准备	将特基拉放在托盘上，走到客人座位前，在客人右边服务	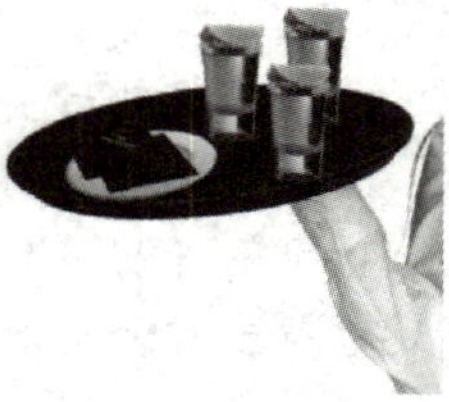
第六步	服务	把酒吧服务纸巾摆放在客人面前的桌子上，图案正对客人。把烈酒杯放在客人右手边的纸巾上，大声报出酒的名称："尊敬的××先生/漂亮的××女士，让您久等了，这是您需要××特基拉，请慢用！"	
第七步	巡台	随时留意客人的酒杯，当客人的杯子快要空的时候，主动询问客人是否需要再来一杯	
第八步	收台	（1）客人离开后，整理客人桌子上的空酒杯、纸巾、柠檬和垃圾，收回酒吧清洗间。空酒杯放入洗杯机中清洗，纸巾、柠檬和垃圾做分类处理。 （2）清洁桌子，重新安排座位，恢复到开吧营业的状态	

思考题

一、单项选择题

1. 特基拉日出的调制原料是（　　）。
A. 特基拉、橙汁、草莓糖浆　　　　　　B. 特基拉、橙汁、红石榴糖浆
C. 特基拉、柠檬汁、红石榴糖浆　　　　D. 特基拉、雪碧、红石榴糖浆

2. 特基拉是（　　）的特色产品。
A. 美国　　　　　　B. 巴西　　　　　　C. 墨西哥　　　　　　D. 牙买加

二、简答题

1. 邮轮特基拉的名品有哪些？请至少说出 6 种。
2. 简述特基拉的饮用方式与服务程序。

任务9　开胃酒服务

学习目标

1. 掌握邮轮开胃酒的调制过程和服务程序。
2. 知道邮轮开胃酒的基础知识。
3. 了解开胃酒的饮用方式与服务标准。
4. 熟悉邮轮开胃酒的分类和名品。

任务导入

"海洋旋律号"载着 2500 多名游客，开启了全程 16 天的航程。第 3 天，"海洋旋律号"邮轮驶入巴拿马科隆港，这里就是大西洋一侧著名的巴拿马运河入口处。邮轮全天全程穿越巴拿马海峡，让游客见证与体验通过巴拿马运河的真实场景，邮轮 2500 多名游客无不为此异常兴奋。令人更兴奋的是我正在餐厅酒吧（Restaurant Bar）学习开胃酒服务时，收到了升职为一名邮轮调酒师的新合同，努力终有收获，以后我就可以自豪地说"I am a Chinese bartender"。

M3-21　开胃酒饮用与服务

知识学习

一、开胃酒基础知识

开胃酒也称餐前酒，是以葡萄酒或蒸馏酒为基酒，添加植物的根、茎、叶、芽和花等调配而成的具有开胃功能的酒精饮料，具有酸、苦、涩的特点，起到生津开胃的作用。常见的开胃酒有三种类型：味美思、比特酒、茴香酒。

（一）味美思

以葡萄酒作基酒，配入苦艾、蒿属植物、金鸡纳树皮、杜松子、木炭精、鸢尾草、小茴香、豆蔻、龙胆、牛至、安息香、可可豆、生姜、芦荟、桂皮、白芷、春白菊、丁香等 20 多种芳香植物后经蒸馏调配而成，酒精度在 17～20 度之间。味美思按颜色和含糖量分类详见表 3-74。

表 3-74　味美思按颜色和含糖量分类表

类别	概念
干味美思酒	干味美思酒含糖量不超过 4%，酒精度在 18 度左右。意大利干味美思酒呈淡黄色，法国干味美思酒呈棕黄色

续表

类别	概念
白味美思酒	白味美思酒含糖量为 10%～15%，酒精度在 18 度左右，色泽金黄，香气柔美，口味鲜嫩
红味美思酒	该酒加入焦糖调色，因此色泽棕红，有焦糖的风味，含糖量约 15%，酒精度为 18 度
都灵味美思酒	都灵味美思酒含糖量在 15.5%～16% 之间，酒精度为 18 度左右，香料用量较大，香气浓烈扑鼻，有桂香味美思（桂皮）、香味美思（金鸡纳）、苦味美思（苦味草料）等

（二）比特酒

比特酒也称必打士，是以葡萄酒和食用酒精作基酒，添加多种带苦味的花草及植物的茎、根、皮等制成。特点是苦味突出，药香气浓，有助消化、滋补，可使人兴奋，酒精度一般为 18 度至 45 度之间。

（三）茴香酒

以食用酒精或烈酒为基酒，加入茴香油或甜型大茴香子制成，酒精度约 20 度。

二、开胃酒饮用

（一）净饮

将 45mL 开胃酒倒入调酒杯中，再向调酒杯中加入半杯冰块，轻微搅拌后滤入冰镇过的马天尼杯或鸡尾酒杯中，加入柠檬卷曲条调味。

（二）混合饮用

开胃酒可以与汽水、果汁等混合饮用。以金巴利加橙汁为例：先在古典杯中加入半杯冰块，再量 45mL 金巴利酒倒入杯中，加入适量橙汁，用吧匙搅拌 5 秒钟，用橙片装饰。

三、邮轮开胃酒名品

（一）味美思名品

邮轮味美思名品如表 3-75 所示。

表 3-75　邮轮味美思名品

| 仙山露 产地：意大利 | 干霞 产地：意大利 | 马天尼威末酒 产地：意大利 | 卡帕诺 产地：意大利 | 杜瓦尔 产地：法国 | 诺瓦丽·普拉 产地：法国 |

（二）比特酒名品

邮轮比特酒名品如表 3-76 所示。

M3-22 邮轮开胃酒名品概述

表3-76 邮轮比特酒名品

金巴利 产地：意大利	杜本纳 产地：法国	飘仙一号 产地：英国	安哥斯特拉 产地：特立尼达和多巴哥
菲奈特·布兰 产地：意大利	亚玛·匹康 产地：法国	苏滋 产地：法国	阿佩罗 产地：意大利

（三）茴香酒名品

邮轮茴香酒名品如表3-77所示。

表3-77 邮轮茴香酒名品

潘诺 产地：法国	里卡尔 产地：法国	巴斯蒂斯51 产地：法国	白羊倌 产地：法国	萨布卡 产地：意大利	吾尊 产地：希腊

任务准备

以3～4人为一个小组，准备原料和工具，如表3-78所示，采用角色扮演的方式，营造真实工作情境，以酒吧服务员的身份轮流进行味美思纯饮服务。

表3-78 味美思纯饮服务所需原料和用具清单

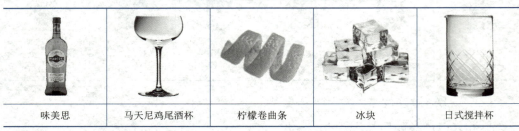

味美思	马天尼鸡尾酒杯	柠檬卷曲条	冰块	日式搅拌杯

续表

 吧匙	 量酒器	 擦杯布	 霍桑过滤器	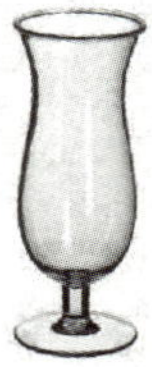 飓风杯
 酒吧服务纸巾	托盘	 冰桶	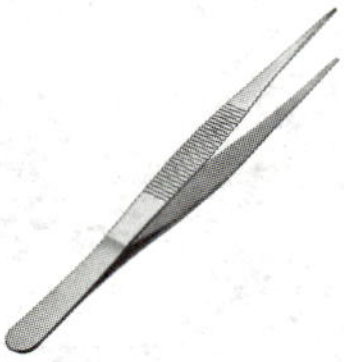 镊子	 咖啡杯底碟

任务实施

一、味美思纯饮调制

味美思纯饮调制过程如表3-79所示。

表3-79 味美思纯饮调制过程

步骤	项目	操作要领	图示
第一步	准备	将原料和用具依次放在工作台上	
第二步	擦杯	左手持擦杯布一端,手心朝上;右手取杯,杯底部放入左手手心,握住;右手将擦杯布的另一端绕起,放入杯中;右手拇指插入杯中,其他四指握住杯子外部,左右手交替转动擦拭杯子	
第三步	冰杯	在马天尼鸡尾酒杯中加入冰块,使酒杯冷却	

续表

步骤	项目	操作要领	图示
第四步	放材料	将日式搅拌杯置于吧台，用量酒器将45mL味美思倒入杯中	
第五步	搅拌	再向调酒杯中加入半杯冰块，用搅和法轻微搅拌	
第六步	滤酒	鸡尾酒杯去冰，将日式搅拌杯盖上霍桑过滤器，将酒滤入杯中	
第七步	装饰	用镊子夹取柠檬卷曲条挂杯装饰	
第八步	清洁	调制完毕后，随手清洁台面，养成良好的职业习惯	

> **小知识**：鸡尾酒之王干马天尼是受到海明威等文坛巨匠欢迎、各大明星青睐的一款经典鸡尾酒。成分是60mL金酒和10mL干味美思，用鸡尾酒橄榄装饰。调制过程与味美思纯饮大致相同，区别在第五步，调制干马天尼要求充分搅拌金酒和味美思，直到浓郁的杜松香味散发出来。

二、味美思纯饮服务

味美思纯饮服务程序,如表 3-80 所示。

表3-80 味美思纯饮服务程序

步骤	项目	操作要领	图示
第一步	准备	味美思调制完毕后,放在托盘上,走到客人座位前,在客人右边服务	
第二步	服务	把酒吧服务纸巾摆放在客人面前的桌子上,图案正对客人。把马天尼鸡尾酒杯放在靠近客人右手边的纸巾上,大声报出酒的名称:"尊敬的××先生/漂亮的××女士,让您久等了,这是您需要的××味美思,请慢用!"	
第三步	巡台	随时留意客人的酒杯,当客人的杯子快要空的时候,主动询问客人是否需要再来一杯	
第四步	收台	(1)客人离开后,整理客人桌子上的空酒杯、纸巾、水果装饰物和垃圾,收回酒吧清洗间。空酒杯放入洗杯机中清洗,纸巾、水果和垃圾做分类处理。 (2)清洁桌子,重新安排座位,恢复到开吧营业的状态	

任务评价

任务评价和白兰地服务的任务评价相同,主要从仪容仪表、调制过程、服务程序、学习态度和综合印象几个方面进行评价,详见表 3-30。

任务拓展

金巴利加橙汁服务

一、原料和用具准备

金巴利加橙汁服务所需原料和用具清单如表 3-81 所示。

表3-81 金巴利加橙汁服务所需原料和用具清单

 金巴利	 古典杯	 冰块	 量酒器	 冰桶
 橙汁	 冰铲	 半个橙片	 酒吧服务纸巾	托盘
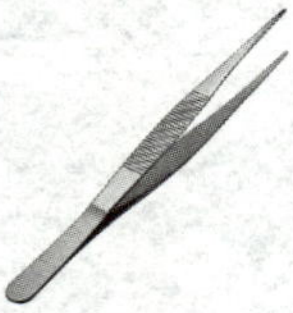 镊子	 吸管	 擦杯布	 咖啡杯底碟	

二、金巴利加橙汁调制

金巴利加橙汁的调制过程如表 3-82 所示。

表3-82 金巴利加橙汁的调制过程

步骤	项目	操作要领	图示
第一步	准备	将原料和用具依次放在工作台上	
第二步	擦杯	左手持擦杯布一端，手心朝上；右手取杯，杯底部放入左手手心，握住；右手将擦杯布的另一端绕起，放入杯中；右手拇指插入杯中，其他四指握住杯子外部，左右手交替转动擦拭杯子	

续表

步骤	项目	操作要领	图示
第三步	冰杯	在古典杯中加入冰块，使酒杯冷却	
第四步	放材料	将古典杯置于吧台，用量酒器将45mL金巴利倒入杯中，注入冰镇橙汁至八九分满	
第五步	装饰	用镊子夹取橙片挂杯和吸管入杯装饰	
第六步	清洁	调制完毕后，随手清洁台面，养成良好的职业习惯	

三、金巴利加橙汁服务

金巴利加橙汁的服务程序，详见表3-83。

表3-83 金巴利加橙汁的服务程序

步骤	项目	操作要领	图示
第一步	准备	金巴利加橙汁调制完毕后，放在托盘上，走到客人座位前，在客人右边服务	

续表

步骤	项目	操作要领	图示
第二步	服务	把酒吧服务纸巾摆放在客人面前的桌子上，图案正对客人。把金巴利加橙汁放在靠近客人右手边的纸巾上，大声报出酒的名称："尊敬的××先生/漂亮的××女士，让您久等了，这是您需要的金巴利加橙汁，请慢用！"	
第三步	巡台	随时留意客人的酒杯，当客人的杯子快要空的时候，主动询问客人是否需要再来一杯	
第四步	收台	（1）客人离开后，整理客人桌子上的空酒杯、纸巾、水果装饰物和垃圾，收回酒吧清洗间。空酒杯放入洗杯机中清洗，纸巾、水果和垃圾做分类处理。 （2）清洁桌子，重新安排座位，恢复到开吧营业的状态	

思考题

一、单项选择题

1. 干马天尼（Dry Martini）是一款经典鸡尾酒，其基酒是（　　）。
A. 伏特加酒　　　　B. 朗姆酒　　　　C. 威士忌酒　　　D. 金酒
2. Pernod 是（　　）的特色产品。
A. 特立尼达和多巴哥　　　　　　B. 法国
C. 意大利　　　　　　　　　　　D. 希腊

二、简答题

1. 邮轮开胃酒的名品有哪些？请至少说出 8 种。
2. 简述开胃酒的饮用方式与服务程序。

任务10　利口酒服务

学习目标

1. 掌握邮轮利口酒服务的操作要领和训练方法。
2. 知道邮轮利口酒的基础知识。

3. 了解利口酒的饮用方式与服务标准。
4. 熟悉邮轮利口酒的分类和常见品种。

任务导入

利口酒又称餐后甜酒，是以葡萄酒、食用酒精或蒸馏酒为基酒加入树根、果皮、花叶、香料等芳香原料，采用浸泡、蒸馏、陈酿等生产工艺，并用糖、蜂蜜等甜味剂配制而成的酒精饮料，色泽鲜艳，气味芳香，有较好的助消化作用，主要用作餐后酒或调制鸡尾酒。

知识学习

一、利口酒种类

利口酒的种类如表 3-84 所示。

表 3-84 利口酒的种类

类别	概念	常见品种
水果利口酒	以水果为原料制成的利口酒	柑橘类、樱桃和浆果类、桃和杏类
蔬菜、药草和香料利口酒	以蔬菜、药草和香料为原料制成的利口酒	八角和大茴香子类、仙人掌类、莳萝和葛缕子类、蜂蜜类、其他植物和药草类
坚果、豆类、牛奶和鸡蛋利口酒	以坚果、豆类、牛奶和鸡蛋为原料制成的利口酒	杏仁和榛子类、椰子类、咖啡类、巧克力类、鸡蛋、牛奶和奶油类
威士忌利口酒	以威士忌为基酒制成的利口酒	杜林标、爱尔兰之雾
白兰地利口酒	以白兰地为基酒制成的利口酒	夏朗德白诺、蛋黄酒
金酒利口酒	以金酒为基酒制成的利口酒	黑刺李酒
朗姆利口酒	以朗姆酒为基酒制成的利口酒	甘露咖啡酒、添加利

M3-23 利口酒饮用与服务

二、利口酒的饮用

（一）纯饮

（1）饮用：餐后纯饮利口酒可以助消化。果实类、草本类、奶油类利口酒最好冰镇后饮用，种子类利口酒宜常温下饮用。

（2）服务：纯饮使用利口酒杯，每杯标准量为 30mL。

（二）加冰

（1）饮用：冰和酒互相融合交织，口感更加清爽，酒度也适当降低。

（2）服务：古典杯中加入大颗冰块，将 45mL 利口酒沿着冰块慢慢倒入酒杯中，服务和白兰地相同，详见表 3-32。

（三）混饮

（1）饮用：利口酒的糖度都很高，可以加入雪碧、苏打水、柠檬水、菠萝汁等混合饮用。

（2）服务：在古典杯中加入半杯冰块，倒入 45mL 利口酒，根据客人需求加入适量雪碧、苏打水、柠檬水或菠萝汁等，用水果片装饰，服务和开胃酒服务相同，详见表 3-82 和表 3-83。

（四）五色彩虹鸡尾酒

（1）饮用：五色彩虹鸡尾酒是根据酒的不同密度调制的，可以一层一层品尝各种酒的风味。

（2）服务：利口酒杯依次加入 5mL 红石榴糖浆、5mL 波士樱桃白兰地、5mL 法国葫芦绿薄荷酒、5mL 君度利口酒和 5mL 大将军白兰地调出五色彩虹鸡尾酒。

三、邮轮利口酒名品

邮轮利口酒名品，如表 3-85 所示。

表3-85　邮轮利口酒名品

M3-24　邮轮利口酒名品概述

蛋黄酒	方樽杏仁力娇酒	班尼狄克丁	修道院酒	皇家香博利口酒
 咖啡利口酒	 君度香橙利口酒	 黑加仑利口酒	 薄荷利口酒	 可可利口酒
 库拉索酒	 杜林标	 加里安奴	 百利甜	 金万利
 野格利口酒	 甘露咖啡甜酒	 拿破仑柑橘利口酒	 彼得·喜宁	 金馥利口酒

任务准备

以 3～4 人为一个小组，准备原料和工具，如表 3-86 所示，采用角色扮演的方式，营造真实工作情境，以酒吧服务员的身份轮流进行五色彩虹鸡尾酒服务。

表3-86 五色彩虹鸡尾酒服务所需原料和用具清单

红石榴糖浆	波士樱桃白兰地	法国葫芦绿薄荷酒	君度香橙利口酒	大将军白兰地
利口酒杯	吧匙	冰桶		量酒器
酒吧服务纸巾	托盘	擦杯布		咖啡杯底碟

任务实施

一、五色彩虹鸡尾酒调制

五色彩虹鸡尾酒的调制过程如表 3-87 所示。

表3-87 五色彩虹鸡尾酒的调制过程

步骤	项目	操作要领	图示
第一步	准备	将原料和用具依次放在工作台上	
第二步	倒入红石榴糖浆	右手大拇指和其余四指捏住量酒器，手臂缓缓向上抬起，让 5mL 红石榴糖浆均匀流入或滴入利口酒杯	

M3-25 五色彩虹鸡尾酒调制

续表

步骤	项目	操作要领	图示
第三步	清洗、擦拭量酒器	（1）右手大拇指和其余四指环握量酒器大头端，将量酒器放入清洗桶中，右手顺时针转动量酒器进行清洗。 （2）右手大拇指和其余四指捏住量酒器，左手掀起擦杯布一角并用大拇指塞进量酒器，右手大拇指和食指旋转量酒器擦拭	
第四步	倒入法国葫芦绿薄荷酒	左手大拇指、食指和中指捏住吧匙的中部，将吧匙贴紧杯壁，右手大拇指和其余四指分开捏住量酒器，手臂缓缓向上抬起，让5mL法国葫芦绿薄荷酒沿着吧匙慢慢均匀流入或滴入利口酒杯	
第五步	清洗、擦拭量酒器和吧匙	（1）右手大拇指和其余四指环握量酒器大头端，左手大拇指、食指和中指捏住吧匙的中部，将量酒器和吧匙放入清洗桶中，右手顺时针转动量酒器，左手逆时针转动吧匙进行清洗。 （2）右手握住量酒器，左手大拇指、食指和中指捏住吧匙的中部，将吧匙正放于擦杯布的一角，右手用大拇指和食指掀起擦杯布角擦拭吧匙。 （3）擦拭量酒器同第三步	
第六步	倒入波士樱桃白兰地	左手大拇指、食指和中指捏住吧匙的中部，将吧匙贴紧杯壁，右手大拇指和其余四指分开捏住量酒器，手臂缓缓向上抬起，让5mL波士樱桃白兰地沿着吧匙慢慢均匀流入或滴入利口酒杯	
第七步	量酒器、吧匙清洗擦拭	操作要领和图示同第五步	
第八步	倒入君度利口酒	左手大拇指、食指和中指捏住吧匙的中部，将吧匙贴紧杯壁，右手大拇指和其余四指分开捏住量酒器，手臂缓缓向上抬起，让5mL君度利口酒沿着吧匙慢慢均匀流入或滴入利口酒杯	
第九步	量酒器、吧匙清洗擦拭	操作要领和图示同第五步	
第十步	倒入大将军白兰地	左手大拇指、食指和中指捏住吧匙的中部，将吧匙贴紧杯壁，右手大拇指和其余四指分开捏住量酒器，手臂缓缓向上抬起，让5mL大将军白兰地酒沿着吧匙慢慢均匀流入或滴入利口酒杯	

续表

步骤	项目	操作要领	图示
第十一步	清洁	调制完毕后,随手清洁台面,养成良好的职业习惯	

二、五色彩虹鸡尾酒服务

五色彩虹鸡尾酒的服务程序,详见表3-88。

表3-88 五色彩虹鸡尾酒服务程序

步骤	项目	操作要领	图示
第一步	准备	五色彩虹鸡尾酒调制完毕后,放在托盘上,走到客人座位前,在客人右边服务	
第二步	服务	把酒吧服务纸巾摆放在客人面前的桌子上,图案正对客人。把五色彩虹鸡尾酒放在靠近客人右手边的纸巾上,大声报出酒的名称:"尊敬的××先生/漂亮的××女士,让您久等了,这是您需要的五色彩虹鸡尾酒,请慢用!"	
第三步	巡台	随时留意客人的酒杯,当客人的杯子快要空的时候,主动询问客人是否需要再来一杯	
第四步	收台	(1)客人离开后,整理客人桌子上的空酒杯、纸巾和垃圾,收回酒吧清洗间。空酒杯放入洗杯机中清洗,纸巾和垃圾做分类处理。 (2)清洁桌子,重新安排座位,恢复到开吧营业的状态	

任务评价

任务评价和白兰地服务的任务评价相同,主要从仪容仪表、调制过程、服务程序、学习态度和综合印象几个方面进行评价,详见表 3-30。

任务拓展

利口酒纯饮服务

一、原料和用具准备

利口酒纯饮服务所需原料和用具清单如表 3-89 所示。

表 3-89 利口酒纯饮服务所需原料和用具清单

 利口酒	 利口酒杯	 酒吧服务纸巾	 擦杯布
托盘	 量酒器	 咖啡杯底碟	

二、利口酒纯饮服务

两杯利口酒纯饮的服务程序,如表 3-90 所示。

表 3-90 利口酒纯饮的服务程序

步骤	项目	操作要领	图示
第一步	擦杯	左手持擦杯布一端,手心朝上;右手取杯,杯底部放入左手手心,握住;右手将擦杯布的另一端绕起,放入杯中;右手拇指插入杯中,其他四指握住杯子外部,左右手交替转动擦拭杯子	

续表

步骤	项目	操作要领	图示
第二步	倒酒	将利口酒杯置于吧台，将 30mL 利口酒倒入杯中至九分满	
第三步	准备	将利口酒放在托盘上，走到客人座位前，在客人右边服务	
第四步	服务	把酒吧服务纸巾摆放在客人面前的桌子上，图案正对客人。把利口酒杯放在客人右手边的纸巾上，大声报出酒的名称："尊敬的××先生/漂亮的××女士，让您久等了，这是您需要××利口酒，请慢用！"	
第五步	巡台	随时留意客人的酒杯，当客人的杯子快要空的时候，主动询问客人是否需要再来一杯	
第六步	收台	（1）客人离开后，整理客人桌子上的空酒杯、纸巾和垃圾，收回酒吧清洗间。空酒杯放入洗杯机中清洗，纸巾和垃圾做分类处理。 （2）清洁桌子，重新安排座位，恢复到开吧营业的状态	

> **小经验**：利口酒加冰服务与白兰地加冰服务相同；混饮服务与威士忌加汽水服务相同，加入雪碧、苏打水、柠檬水，用柠檬角装饰，加入菠萝汁，用菠萝片装饰。

思考题

简答题

1. 邮轮利口酒的名品有哪些？请至少说出 8 种。
2. 简述利口酒的饮用方式与服务程序。

项目四 努力终有收获
——升职为一名邮轮调酒师

项目概述

本项目从长岛冰茶调制与服务入手,首先让读者对邮轮调酒师的工作内容有初步了解,然后通过古典、尼克罗尼、大都会、霜冻莫吉托、玛格丽特和柠檬糖马天尼调制与服务,学习运用搅和滤冰法、摇和滤冰法、搅拌法、绕和法和捣和法,让读者掌握鸡尾酒调制的规范操作工序和服务要点,理解调酒技法、操作规范和鸡尾酒背后的故事文化对鸡尾酒调制与服务的重要性。

项目目标

▶ 知识目标

1. 能解说鸡尾酒的调制过程和服务程序。
2. 能说出鸡尾酒的邮轮酒谱、鸡尾酒背后故事和文化。
3. 熟悉世界技能大赛和全国职业院校技能大赛餐厅服务赛项鸡尾酒调制与服务的评分标准。

▶ 能力目标

1. 能够正确使用调酒和服务工具,运用正确的调酒计量、调酒和服务技巧,选择正确的酒杯,制作正确的装饰物为客人进行鸡尾酒调制与服务。
2. 能够按照世赛和国赛标准和流程调制与提供鸡尾酒,识别鸡尾酒的风味和品质。

▶ 素质目标

1. 培养学生规范操作的意识。
2. 培养学生热情友好、宾客至上的工作态度。
3. 通过发掘鸡尾酒背后的故事和文化,丰富学生文化知识。
4. 培养学生重视安全卫生、保证出品优良的高度责任心。
5. 培养精技、学而不厌的工匠精神。
6. 培养爱岗敬业、诚实守信、遵纪守法、廉洁奉公的职业道德。

任务1　长岛冰茶的调制与服务

学习目标

1. 掌握长岛冰茶的调制过程和服务程序。
2. 了解长岛冰茶调制与服务的考核方式和评定标准。
3. 知道长岛冰茶背后的故事和文化。
4. 熟悉长岛冰茶的邮轮酒谱。

任务导入

根据资料记录，19世纪20年代美国禁酒期间，美国纽约长岛地下酒吧的调酒师们，常偷偷把烈酒与可口可乐混合在一起调成红茶的颜色，谎称卖的是冰茶，以瞒过检查员，长岛冰茶就这样诞生了。1972年，来自纽约长岛橡树滩酒馆的调酒师鲍勃·巴特参加了全美调酒大赛，他用橙味利口酒创新了长岛冰茶的配方，并且把它列为橡树滩酒馆的招牌鸡尾酒，后来大获成功。70年代中期，长岛的绝大多数酒吧都开始供应这款酒。到了80年代，长岛冰茶开始风靡全球。

知识学习

长岛冰茶邮轮酒谱，如图4-1所示，包括杯具、调制方法、装饰物、配方和调制过程。

M4-1　长岛冰茶调制

长岛冰茶

杯具：品脱杯

调制方法：注入法

装饰物：半片柠檬片或1个柠檬角

配方：15毫升绝对伏特加、15毫升豪帅金特基拉、15毫升蓝宝石金酒、15毫升百加得白朗姆、15毫升维德兰三干橙利口酒、30毫升甜酸汁、可口可乐

调制过程：品脱杯中加入冰块至八分满，依次注入15毫升蓝宝石金酒、15毫升绝对伏特加、15毫升百加得白朗姆、15毫升豪帅金特基拉、15毫升维德兰三干橙利口酒、30毫升甜酸汁，再次加入冰块和少量可口可乐，最后用柠檬角或柠檬片挂杯装饰即可

图4-1　长岛冰茶邮轮酒谱

任务准备

以3～4人为一个小组，准备原料和工具，如表4-1所示，采用角色扮演的方式，营造真实工作情境，以调酒师的身份轮流为客人进行长岛冰茶调制与服务。

表4-1 长岛冰茶调制与服务所需原料和用具清单

 绝对伏特加	 豪帅金特基拉	 百加得白朗姆	 蓝宝石金酒	 维德兰三干橙利口酒
 调酒客甜酸汁	 可口可乐	 柠檬	 冰块	 酒水单
 品脱杯	 量酒器	 冰桶	 冰铲	 吧匙
 擦杯布	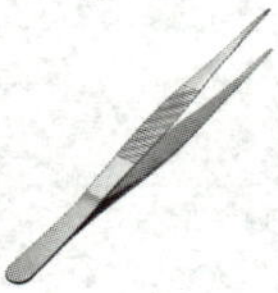 镊子	 酒吧服务纸巾	 吸管	 账单夹、笔
托盘	 咖啡杯底碟			

任务实施

一、长岛冰茶调制

长岛冰茶调制过程如表 4-2 所示。

项目四 努力终有收获——升职为一名邮轮调酒师 169

表4-2 长岛冰茶调制过程

步骤	项目	操作要领	图示
第一步	准备	将原料和用具依次放在工作台上	
第二步	擦杯	左手持擦杯布一端，手心朝上；右手取杯，杯底部放入左手手心，握住；右手将擦杯布的另一端绕起，放入杯中；右手拇指插入杯中，其他四指握住杯子外部，左右手交替转动擦拭杯子	
第三步	加冰	在品脱鸡尾酒杯中加入冰块至八分满	
第四步	放材料	（1）将品脱鸡尾酒杯平放于调酒操作台。 （2）依次倒入蓝宝石金酒、绝对伏特加、百加得白朗姆、豪帅金特基拉、维德兰三干橙利口酒、调酒客甜酸汁。 （3）品脱鸡尾酒杯中再次加入冰块和少量可口可乐；酒水使用完毕须及时将酒瓶放回原处	
第五步	装饰	用镊子夹取柠檬角挂杯装饰	
第六步	清洁	调制完毕后，随手清洁台面，养成良好的职业习惯	

二、长岛冰茶服务

长岛冰茶服务程序，如表 4-3 所示。

表 4-3 长岛冰茶服务程序

步骤	项目	操作要领	图示
第一步	准备	长岛冰茶调制完毕后，插上吸管，放在托盘上，走到客人座位前服务	
第二步	服务	把酒吧服务纸巾摆放在客人面前的吧台上，图案正对客人。把长岛冰茶放在客人右手边的纸巾上，大声报出酒的名称："尊敬的××先生/漂亮的××女士，让您久等了，这是您需要的长岛冰茶，请慢用！"	
第三步	巡台	（1）主动询问客人味道如何，并向客人介绍长岛冰茶鸡尾酒的故事和文化。 （2）随时留意客人的酒杯，当客人的杯子快要空的时候，主动询问客人是否需要再来一杯	
第四步	收台	（1）客人离开后，整理客人桌子上的空酒杯、纸巾、吸管、水果装饰物和垃圾，收回酒吧清洗间。空酒杯放入洗杯机中清洗，纸巾、吸管、水果和垃圾做分类处理。 （2）清洁桌子，重新安排座位，恢复到开吧营业的状态	

任务评价

任务评价主要从仪容仪表、调制过程、服务程序、学习态度和综合印象几个方面进行评价，详见表 4-4 所示。

表4-4 "长岛冰茶的调制与服务"任务评价表

项目	M 测量 J 评判	标准名称或描述	总分/分	评分示例	得分 ___组	___组	___组
仪容仪表	M	制服干净整洁，熨烫挺括，合身，符合行业标准	1	Y/N			
	M	鞋子干净且符合行业标准	1	Y/N			
	M	男士修面，胡须修理整齐；女士淡妆，身体部位没有可见标记	1	Y/N			
	M	发型符合职业要求	1	Y/N			
	M	不佩戴过于醒目的饰物	0.5	Y/N			
	M	指甲干净整洁，不涂有色指甲油	0.5	Y/N			
	J	所有工作中站姿、走姿一般，在完成有挑战性的工作任务时仪态较差，1分； 所有工作任务中站姿、走姿良好，表现专业，但是仍有瑕疵，3分； 所有的工作中站姿、走姿优美，表现非常专业，5分	5	1 3 5			
调制过程	M	所有必需用具和材料全部领取正确、可用	3	Y/N			
	M	鸡尾酒调制方法正确	4	Y/N			
	M	鸡尾酒调制过程中没有浪费	4	Y/N			
	M	鸡尾酒调制过程没有滴洒	4	Y/N			
	M	鸡尾酒成分合理	4	Y/N			
	M	操作过程注意卫生	4	Y/N			
	M	器具和材料使用完毕后复归原位	4	Y/N			
	J	对酒吧任务不自信，缺乏展示技巧，无法提供最终作品或最终作品无法饮用，3分； 对酒吧技巧有一定了解，展示技巧一般，提供的最终作品可以饮用，6分； 对任务充满自信，对酒吧技巧的了解较多，作品呈现与装饰物展现较好，9分； 对任务非常有自信，与宾客有较好的交流，酒吧技术知识丰富，作品呈现优秀，装饰物完美，12分	12	3 6 9 12			
服务程序	M	礼貌地迎接、送别客人	4	Y/N			
	M	服务鸡尾酒与客人点单一致	3	Y/N			
	J	全程没有或较少使用英文，3分； 全程大部分使用英文，但不流利，6分； 全程使用英文，较为流利，但专业术语欠缺，9分； 全程使用英文，整体流利，使用专业术语，12分	12	3 6 9 12			
	J	在服务过程中没有互动，没有解释和服务风格，3分； 在服务过程中有一些互动，对鸡尾酒有介绍，具有适当的服务风格，6分； 在服务过程中有良好自信，对鸡尾酒的原料和创意有基本的介绍，有良好的互动，在服务过程中始终如一，9分； 与宾客有极好的互动，对鸡尾酒原料有清晰的介绍，清楚讲解鸡尾酒创意，展示高水准的服务技巧，12分	12	3 6 9 12			

续表

项目	M 测量 / J 评判	标准名称或描述	总分/分	评分示例	得分 ___组	___组	___组
学习态度	J	学习态度有待加强，被动学习，延时完成学习任务，5分； 学习态度较好，按时完成学习任务，10分； 学习态度认真，方法多样，积极主动，15分	15	5 10 15			
综合印象	J	在所有任务中状态一般，当发现任务具有挑战性时表现为不良状态，1分； 在执行所有任务时保持良好的状态，看起来很专业，但稍显不足，3分； 在执行任务中，始终保持出色的状态标准，整体表现非常专业，5分	5	1 3 5			
选手用时							

裁判签字：　　　　　　　　　　　　　　　　　　　　　　　　年　　月　　日

任务小结

通过长岛冰茶调制与服务的全过程，让读者对鸡尾酒调制过程（图4-2）和服务程序（图4-3）有了初步了解和直观认知，为系统学习其他技法鸡尾酒调制与服务打下基础。

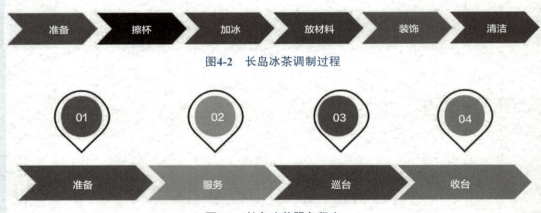

图4-2　长岛冰茶调制过程

图4-3　长岛冰茶服务程序

思考题

一、多项选择题

用世界技能大赛餐厅服务项目标准考核评定长岛冰茶鸡尾酒调制与服务的工作任务包括（　　）。

A. 准备工作　　　B. 个人仪容仪表　　C. 酒水调制　　D. 综合印象

二、简答题

简述长岛冰茶的调制过程和服务程序。

任务2　古典鸡尾酒调制与服务

学习目标

1. 掌握古典鸡尾酒的调制过程和服务程序。
2. 了解古典鸡尾酒调制与服务的考核方式和评定标准。
3. 知道古典鸡尾酒背后的故事和文化。
4. 熟悉古典鸡尾酒的邮轮酒谱。

任务导入

古典鸡尾酒历史悠久，关于其来源也是众说纷纭，其中一种说法是，19世纪80年代，美国肯塔基州路易斯维尔市一家酒吧的调酒师发明了这款酒，并由俱乐部成员和著名的波本酒酿酒大师推广，把它带到纽约沃尔多夫阿斯托利亚酒店酒吧。不过这些说法也被很多专业人士反驳，因为美国鸡尾酒之父杰瑞·托马斯于1862年出版的《调酒师指南》一书里，就有一款威士忌鸡尾酒和古典鸡尾酒极为相似。据美国鸡尾酒博物馆合伙人及烈酒网站创始人罗伯特·赫斯所说，我们现在见到的古典鸡尾酒只是人们在19世纪初期制作的一种鸡尾酒的演变（也包括酒、糖、苦精和水）。

知识学习

古典鸡尾酒邮轮酒谱如图4-4所示。

古典鸡尾酒

杯具：古典杯
调制方法：注入法、捣和法
装饰物：橙片、马拉斯奇诺樱桃
配方：45毫升波本或加拿大威士忌、1块方糖、几滴安格斯安格斯苦精、少许苏打水
调制过程：在古典杯中依次加入1块方糖、几滴苦精、少许苏打水，用碾压棒将方糖捣碎，杯中加满冰块和45毫升威士忌，用橙片、马拉斯奇诺樱桃装饰

图4-4　古典鸡尾酒邮轮酒谱

M4-2　古典鸡尾酒调制

任务准备

以3～4人为一个小组，准备原料和工具，如表4-5所示，采用角色扮演的方式，营造真实工作情境，以调酒师的身份轮流为客人进行古典鸡尾酒调制与服务。

表4-5　古典鸡尾酒调制与服务所需原料和用具清单

 波本威士忌	 古典杯	 冰块	 量酒器	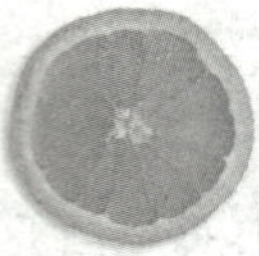 橙片	 马拉斯奇诺樱桃
 方糖	 安格斯苦精	 苏打水	 碾压棒	 冰铲	 酒吧服务纸巾
托盘	 镊子	 咖啡杯底碟	 冰桶		擦杯布

任务实施

一、古典鸡尾酒调制过程

邮轮酒吧古典鸡尾酒调制过程，详见表4-6。

表4-6　古典鸡尾酒调制过程

步骤	项目	操作要领	图示
第一步	准备	将原料和用具依次放在工作台上	
第二步	擦杯	左手持擦杯布一端，手心朝上；右手取杯，杯底部放入左手手心，握住；右手将擦杯布的另一端绕起，放入杯中；右手拇指插入杯中，其他四指握住杯子外部，左右手交替转动擦拭杯子	

续表

步骤	项目	操作要领	图示
第三步	冰杯	在古典杯中加入冰块，使酒杯冷却	
第四步	放材料	将古典杯中的冰块倒掉，平放于酒吧操作台，依次加入方糖、苦精、苏打水，酒水使用完毕须及时将酒瓶放回原处	
第五步	捣和	用碾压棒将方糖捣碎	
第六步	再次放材料	在古典杯中再次加入冰块和波本威士忌，搅拌均匀	
第七步	装饰	用镊子夹取橙片和樱桃入杯装饰	
第八步	清洁	调制完毕后，随手清洁台面，清洗调酒工具，养成良好的职业习惯	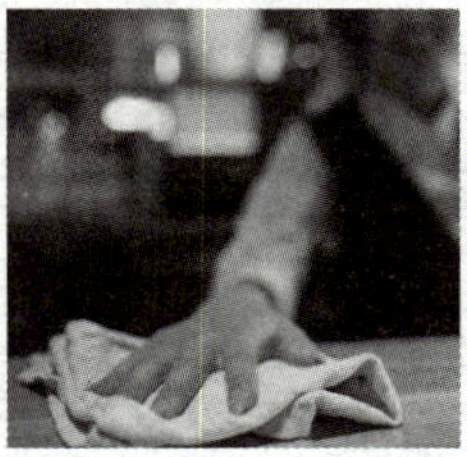

二、古典鸡尾酒服务过程

古典鸡尾酒服务过程与长岛冰茶的服务过程相同，详见表4-3。

任务评价

任务评价和长岛冰茶的任务评价相同,主要从仪容仪表、调制过程、服务程序、学习态度和综合印象几个方面进行评价,详见表4-4。

任务小结

古典鸡尾酒调制过程如图4-5所示;服务程序和长岛冰茶的服务程序相同,详见图4-3。

图4-5　古典鸡尾酒调制过程

思考题

一、多项选择题

用全国职业院校技能大赛高职组"餐厅服务"赛项标准考核评定古典鸡尾酒调制与服务的工作任务包括(　　　)。

A. 准备工作　　　　B. 仪容仪态　　　　C. 鸡尾酒调制　　　　D. 综合印象

二、简答题

简述古典鸡尾酒的调制过程和服务程序。

任务3　尼克罗尼鸡尾酒调制与服务

学习目标

1. 掌握尼克罗尼鸡尾酒的调制过程和服务程序。
2. 了解尼克罗尼鸡尾酒调制与服务的考核方式和评定标准。
3. 知道尼克罗尼鸡尾酒背后的故事和文化。
4. 熟悉尼克罗尼鸡尾酒的邮轮酒谱。

任务导入

最早的尼克罗尼鸡尾酒,诞生于意大利佛罗伦萨的一家酒吧,1919年的某一天,卡米洛·尼克罗尼伯爵向酒保福斯科要求,给他的美式鸡尾酒"加劲"。于是任务就落在了金酒身上,它能显著地提高酒精度、改变色调,能给饮料添加一种清爽的口感。在很短的一个时期,这种鸡尾酒曾被称为"尼克罗尼伯爵的美式鸡尾酒",但很快它的名字被简化成了"尼克罗尼鸡尾酒"。

知识学习

尼克罗尼鸡尾酒邮轮酒谱如图 4-6 所示。

尼克罗尼鸡尾酒
杯具：古典杯
调制方法：搅和滤冰法
装饰物：橙皮
配方：30 毫升添加利干、30 毫升甜味美思、30 毫升金巴利
调制过程：将 30 毫升添加利、30 毫升甜味美思、30 毫升金巴利依次加入日式搅拌杯中，加冰搅和后滤入古典杯中，用橙皮装饰

图4-6　尼克罗尼鸡尾酒邮轮酒谱

M4-3　尼克罗尼鸡尾酒调制

任务准备

以 3～4 人为一个小组，准备原料和工具，如表 4-7 所示，采用角色扮演的方式，营造真实工作情境，以调酒师的身份轮流为客人提供尼克罗尼鸡尾酒调制与服务。

表4-7　尼克罗尼鸡尾酒调制与服务所需原料和用具清单

添加利干金酒	古典杯	甜味美思	金巴利	冰块
橙皮	霍桑过滤器	日式搅拌杯	吧匙	碾压棒
酒吧服务纸巾	托盘	镊子	冰桶	擦杯布
量酒器	冰铲	咖啡杯底碟		

任务实施

一、尼克罗尼鸡尾酒调制

尼克罗尼鸡尾酒调制过程，详见表 4-8。

表 4-8 尼克罗尼鸡尾酒调制过程

步骤	项目	操作要领	图示
第一步	准备	将原料和用具依次放在工作台上	
第二步	擦杯	左手持擦杯布一端，手心朝上；右手取杯，杯底部放入左手手心，握住；右手将擦杯布的另一端绕起，放入杯中；右手拇指插入杯中，其他四指握住杯子外部，左右手交替转动擦拭杯子	
第三步	冰杯	在古典杯中加入冰块，使酒杯冷却	
第四步	冰日式搅拌杯	在日式搅拌杯中加入冰块，用吧匙进行搅拌，使酒杯冷却	
第五步	放材料	将日式搅拌杯中的冰块倒掉，平放于酒吧操作台；依次加入添加利、甜味美思、金巴利；酒水使用完毕须及时将酒瓶放回原处	
第六步	搅和	在日式搅拌杯中加入冰块，用吧匙搅拌 20 秒左右，至搅拌杯外部结霜即可	
第七步	滤冰	将古典杯中的冰块倒掉，加入新冰；日式搅拌杯盖上霍桑过滤器，将酒滤入杯中	

续表

步骤	项目	操作要领	图示
第八步	装饰	用镊子夹取橙皮入杯装饰	
第九步	清洁	调制完毕后,随手清洁台面,清洗调酒工具,养成良好的职业习惯	

二、尼克罗尼鸡尾酒服务程序

尼克罗尼鸡尾酒的服务程序与长岛冰茶的服务程序相同,详见表 4-3。

任务评价

任务评价和长岛冰茶的任务评价相同,主要从仪容仪表、调制过程、服务程序、学习态度和综合印象几个方面进行评价,详见表 4-4。

任务小结

尼克罗尼鸡尾酒调制过程如图 4-7 所示;服务程序和长岛冰茶的服务程序相同,详见图 4-3。

图4-7 尼克罗尼鸡尾酒调制过程

思考题

一、多项选择题

用全国职业院校技能大赛高职组"餐厅服务"赛项标准考核评定尼克罗尼鸡尾酒调制工作任务包括(　　)。

　　A. 调制方法正确　　　　　　　　B. 调制手法优美
　　C. 调制过程没有滴洒　　　　　　D. 器具和材料使用完毕后复归原位

二、简答题

简述尼克罗尼鸡尾酒的调制过程和服务程序。

任务4　大都会鸡尾酒调制与服务

学习目标

1. 掌握大都会鸡尾酒的调制过程和服务程序。
2. 了解大都会鸡尾酒调制与服务的考核方式和评定标准。
3. 知道大都会鸡尾酒背后的故事和文化。
4. 熟悉大都会鸡尾酒的邮轮酒谱。

任务导入

传说，大都会鸡尾酒是20世纪70年代由美国马萨诸塞州的某社团所创造，配方经过佛罗里达南滩和加州旧金山等地一些著名调酒师的改进和推广，最终在80年代末传入纽约。曼哈顿的一位女调酒师将配方中的金酒改为伏特加，并获得美国1989年鸡尾酒大赛冠军。大都会鸡尾酒后来随着美国电视连续剧《欲望都市》红遍全球，真正成为一种世界性的时尚。

M4-4　大都会鸡尾酒调制

知识学习

大都会鸡尾酒邮轮酒谱如图4-8所示。

大都会鸡尾酒
杯具：鸡尾酒杯
调制方法：摇和滤冰法
装饰物：柠檬卷曲条
配方：45毫升伏特加、15毫升君度香橙利口酒、15毫升新鲜青柠汁、30毫升蔓越莓汁
调制过程：用量酒器将所有原料量入摇酒壶，加冰摇匀，滤入鸡尾酒杯中，用柠檬卷曲条挂杯装饰

图4-8　大都会鸡尾酒邮轮酒谱

任务准备

以3～4人为一个小组，准备原料和工具，如表4-9所示，采用角色扮演的方式，营造真实工作情境，以调酒师的身份轮流为客人进行大都会鸡尾酒调制与服务。

项目四 努力终有收获——升职为一名邮轮调酒师 181

表4-9 大都会鸡尾酒调制与服务所需原料和用具清单

 伏特加	 鸡尾酒杯	 君度利口酒	 新鲜青柠	 蔓越莓汁
 量酒器	 冰块	 柠檬卷曲条	 摇酒壶	 吧匙
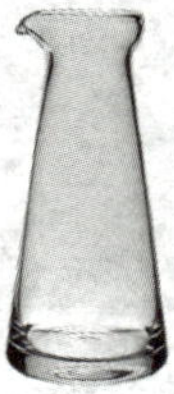 果汁壶	 冰铲	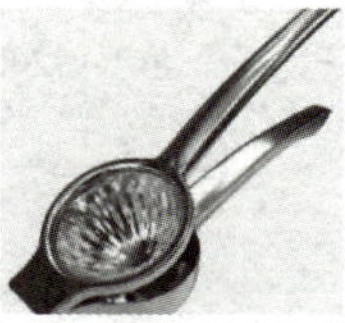 压柠器	 古典杯	 水果刀
 砧板	 酒吧服务纸巾	托盘	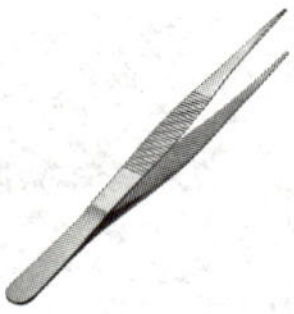 镊子	 冰桶
 擦杯布	 咖啡杯底碟			

任务实施

一、大都会鸡尾酒调制

大都会鸡尾酒调制过程，详见表4-10。

表4-10 大都会鸡尾酒调制过程

步骤	项目	操作要领	图示
第一步	准备	（1）制作新鲜青柠汁，详见用压柠器制作新鲜柠檬汁的方法。 （2）将原料和用具依次放在工作台上	
第二步	擦杯	左手持擦杯布一端，手心朝上；右手取杯，杯底部放入左手手心，握住；右手将擦杯布的另一端绕起，放入杯中；右手拇指插入杯中，其他四指握住杯子外部，左右手交替转动擦拭杯子	
第三步	冰杯	在鸡尾酒杯中加入冰块，使酒杯冷却	
第四步	放材料	将摇酒壶平放于调酒操作台；依次加入伏特加、君度利口酒、蔓越莓汁、新鲜青柠汁；酒水使用完毕须及时将酒瓶放回原处	
第五步	摇和	摇酒壶加冰块，盖上滤网和小盖，用双手摇匀至外部结霜即可	
第六步	滤冰	将鸡尾酒杯中的冰块倒掉，将酒滤入鸡尾酒杯中	
第七步	装饰	将柠檬卷曲条挂杯或入杯装饰	
第八步	清洁	调制完毕后，随手清洁台面，清洗调酒工具，养成良好的职业习惯	

二、大都会鸡尾酒服务

大都会鸡尾酒服务程序与长岛冰茶的服务程序相同，详见表4-3。

任务评价

任务评价和长岛冰茶的任务评价相同，主要从仪容仪表、调制过程、服务程序、学习态度和综合印象几个方面进行评价，详见表 4-4。

任务小结

大都会鸡尾酒调制过程如图 4-9 所示；服务程序和长岛冰茶的服务程序相同，详见图 4-3。

图4-9　大都会鸡尾酒调制过程

思考题

一、多项选择题

用全国职业院校技能大赛高职组"餐厅服务"赛项标准考核测量大都会鸡尾酒调制服务与服务的仪容仪态要求包括（　　）。

A. 发型符合职业要求，不佩戴过于醒目的饰物
B. 制服干净整洁，熨烫挺括，合身，符合行业标准
C. 鞋子干净且符合行业标准，穿黑色皮鞋，鞋跟不超过 3.5 厘米
D. 男士修面，胡须修理整齐；女士淡妆，身体部位没有可见标记

二、简答题

简述大都会鸡尾酒的调制过程和服务程序。

任务5　霜冻莫吉托调制与服务

学习目标

1. 掌握霜冻莫吉托的调制过程和服务程序。
2. 了解霜冻莫吉托调制与服务的考核方式和评定标准。
3. 知道霜冻莫吉托背后的故事和文化。
4. 熟悉霜冻莫吉托的邮轮酒谱。

任务导入

1586 年，当时的航海界有个著名人物"龙"先生。在大航海时代，海上的漫漫长夜对水手们来说是难熬的。"龙"先生用了南美印第安的土方法给水手们制酒，甘蔗烧酒混合新鲜薄荷、青柠汁、甘蔗汁，富含维生素 C 的青柠汁在加入烈酒后可以长时间保存，薄荷的清凉和甘蔗的甜味又可大大降低酒精的刺激。而这便是早期的莫吉托。

知识学习

霜冻莫吉托邮轮酒谱如图 4-10 所示。

霜冻莫吉托
杯具：飓风杯或皮尔森杯
调制方法：搅拌法
装饰物：薄荷枝、青柠檬角
配方：45 毫升百加得银色朗姆酒、15 毫升莫林莫吉托糖浆、60 毫升新的浓缩柠檬汁、3 片青柠檬果肉、6 片薄荷叶
调制过程：将所有原料放入搅拌杯，加冰搅拌均匀后倒入飓风杯或皮尔森杯中，用薄荷枝、青柠檬角装饰

图4-10　霜冻莫吉托邮轮酒谱

任务准备

以 3～4 人为一个小组，准备原料和工具，如表 4-11 所示，采用角色扮演的方式，营造真实工作情境，以调酒师的身份轮流为客人提供霜冻莫吉托调制与服务。

表4-11　霜冻莫吉托调制与服务所需原料和用具清单

百加得银色朗姆酒	皇家皮尔森杯	莫林莫吉托糖浆	新奇士浓缩柠檬汁	冰块
量酒器	青柠	薄荷叶	薄荷枝	吸管
电动搅拌机	吧匙	果汁壶	冰铲	水果刀

续表

 砧板	 酒吧服务纸巾	托盘	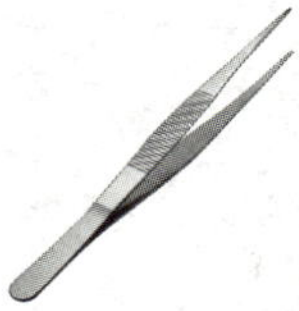 镊子	 冰桶
 擦杯布	 咖啡杯底碟			

任务实施

一、霜冻莫吉托调制

霜冻莫吉托调制过程，详见表 4-12。

表4-12　霜冻莫吉托调制过程

步骤	项目	操作要领	图示
第一步	准备	（1）将青柠檬清洗干净、去皮取肉。 （2）将原料和用具，依次放在工作台上	
第二步	擦杯	将擦杯布折起，左手大拇指和食拇扭住擦杯布上端；右手取杯，杯底部放入左手手心，握住；右手将擦杯布的另一端绕起，放入杯中；右手拇指伸入杯中，其他四指握住杯子外部，左右手交替转动擦拭杯子；擦干净后，右手握住杯子的下部，放置于吧台指定的地方备用	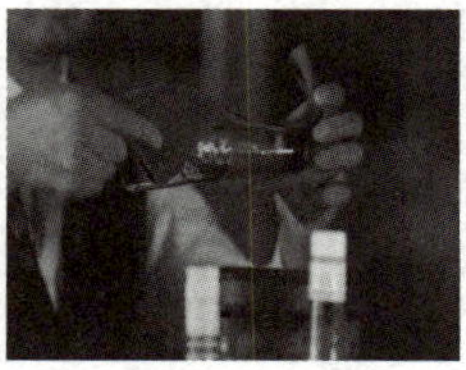
第三步	冰杯	在皇家皮尔森杯中加入冰块，使酒杯冷却	
第四步	放材料	将搅拌杯平放于酒吧操作台；依次加入青柠肉、薄荷叶、莫林莫吉托糖浆、浓缩柠檬汁、百加得银色朗姆酒，酒水使用完毕须及时将酒瓶放回原处	

M4-5　霜冻莫吉托调制

续表

步骤	项目	操作要领	图示
第五步	搅拌	再把冰块放入搅拌杯内,用搅拌机搅匀	
第六步	倒酒	将皇家皮尔森杯中的冰块倒掉,将搅匀后的鸡尾酒倒入杯中	
第七步	装饰	用镊子夹取薄荷枝和青柠角装饰	
第八步	清洁	调制完毕后,随手清洁台面,养成良好的职业习惯	

二、霜冻莫吉托服务

霜冻莫吉托服务程序与长岛冰茶的服务程序相同,详见表4-3。

任务评价

任务评价和长岛冰茶的任务评价相同,主要的仪容仪表、调制过程、服务程序、操作卫生、学习态度和综合印象几个方面进行评价,详见表4-4。

任务小结

霜冻莫吉托调制过程如图4-11所示;服务程序和长岛冰茶的服务程序相同,详见图4-3。

图4-11　霜冻莫吉托调制过程

项目四 努力终有收获——升职为一名邮轮调酒师 187

思考题

简述霜冻莫吉托鸡尾酒的调制过程和服务程序。

任务6 玛格丽特加冰调制与服务

学习目标

1. 掌握玛格丽特加冰调制过程和服务程序。
2. 了解玛格丽特加冰调制与服务的考核方式和评定标准。
3. 知道玛格丽特加冰背后的故事和文化。
4. 熟悉玛格丽特加冰的邮轮酒谱。

任务导入

1949年，美国举行全国鸡尾酒大赛，一位洛杉矶的酒吧调酒师让·杜拉萨参赛，玛格丽特鸡尾酒正是他的冠军之作。玛格丽特鸡尾酒是为了纪念他的已故恋人玛格丽特小姐。1926年，让·杜拉萨去墨西哥，与玛格丽特相恋，墨西哥成了他们的浪漫之地。然而，有一次当两人去野外打猎时，玛格丽特中了流弹，最后永远地离开了。于是，让·杜拉萨就用墨西哥的特基拉为鸡尾酒的基酒，用柠檬汁的酸味代表心中的酸楚，用盐霜代表怀念的泪水，调制了这款鸡尾酒。如今，玛格丽特在世界范围内流行的同时，也成为特基拉的代表鸡尾酒。

知识学习

玛格丽特加冰邮轮酒谱如图4-12所示。

玛格丽特加冰
杯具：玛格丽特杯
调制方法：绕和法、摇和滤冰法
装饰物：盐边、青柠檬皮卷曲条、橙皮卷曲条、马拉斯奇诺樱桃
配方：45毫升特基拉、30毫升君度香橙利口酒、30毫升玛格丽特特调汁
调制过程：将所有原料按配方放入厅或摇酒壶中，绕和或加冰摇和均匀后，倒入加冰的盐边玛格丽特杯中，用青柠檬皮卷曲条、橙皮卷曲条、马拉斯奇诺樱桃装饰

图4-12 玛格丽特加冰邮轮酒谱

任务准备

以 3～4 人为一个小组，准备原料和工具，如表 4-13 所示，采用角色扮演的方式，营造真实工作情境，以调酒师的身份轮流为客人进行玛格丽特加冰调制与服务。

表4-13　玛格丽特加冰调制与服务所需原料和用具清单

白金武士特基拉	无柄玛格丽特杯	君度利口酒	玛格丽特特调汁	冰块
量酒器	青柠檬皮卷曲条	马拉斯奇诺樱桃	橙皮卷曲条	食盐
奶昔搅拌机	吧匙	果汁壶	冰铲	鸡尾酒沾边盒
鸡尾酒签	酒吧服务纸巾	托盘	镊子	冰桶
擦杯布	咖啡杯底碟			

任务实施

一、玛格丽特加冰调制

玛格丽特加冰调制过程，详见表 4-14。

表4-14 玛格丽特加冰调制过程

M4-6 玛格丽特加冰调制

步骤	项目	操作要领	图示
第一步	准备	将原料和用具依次放在工作台上	
第二步	擦杯	将擦杯布折起，左手大拇指和食拇扭住擦杯布上端；右手取杯，杯底部放入左手手心，握住；右手将擦杯布的另一端绕起，放入杯中；右手拇指伸入杯中，其他四指握住杯子外部，左右手交替转动擦拭杯子；擦干净后，右手握住杯子的下部，放置于吧台指定的地方备用	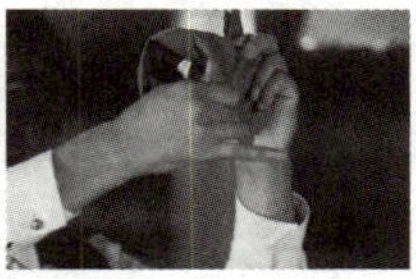
第三步	上盐边	右手拿杯底，将杯口倒置于鸡尾酒沾边盒的青柠檬汁层和盐层，轻轻沾满盐边备用	
第四步	放材料	将奶昔搅拌杯平放于调酒操作，依次加入特基拉、君度利口酒、玛格丽特调汁，酒水使用完毕须及时将酒瓶放回原处	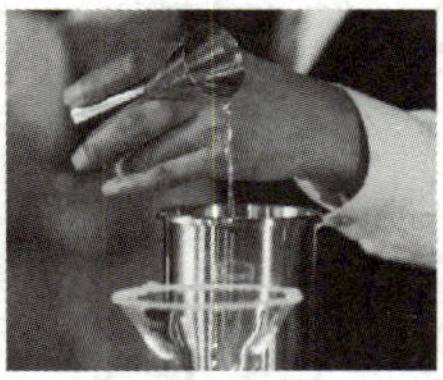
第五步	搅和	将搅拌杯放入奶昔机杯架，搅拌均匀	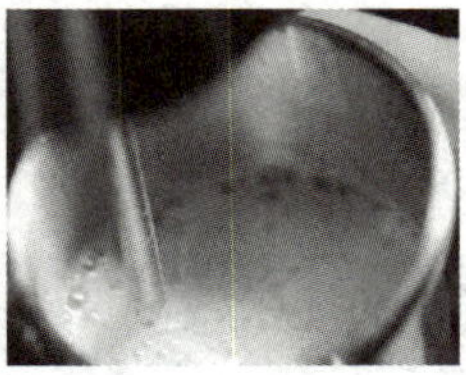
第六步	倒酒	在上盐边的玛格丽特杯中加满冰块，将酒倒入杯中	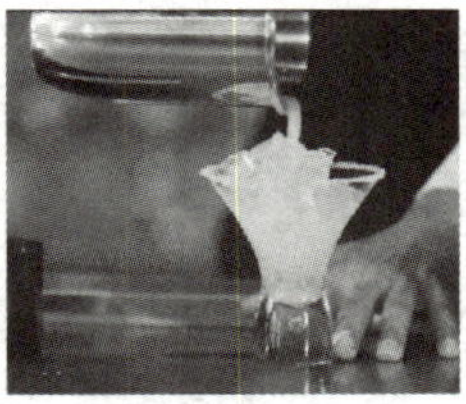

步骤	项目	操作要领	图示
第七步	装饰	用鸡尾酒签将青柠檬皮卷曲条、橙皮卷曲条和马拉斯奇诺樱桃固定在一起，用镊子夹取挂杯装饰	
第八步	清洁	调制完毕后，随手清洁台面、量酒器和奶昔搅拌机，养成良好的职业习惯	

二、玛格丽特加冰服务

玛格丽特加冰服务程序与长岛冰茶的服务程序相同，详见表 4-3。

任务评价

任务评价和长岛冰茶的任务评价相同，主要从仪容仪表、调制过程、服务程序、学习态度和综合印象几个方面进行评价，详见表 4-4。

任务小结

玛格丽特加冰调制过程如图 4-13 所示；服务程序和长岛冰茶的服务程序相同，详见图 4-3。

图4-13　玛格丽特加冰调制过程

思考题

简答题

简述玛格丽特加冰的调制与服务程序。

任务7　柠檬糖马天尼调制与服务

学习目标

1. 掌握柠檬糖马天尼调制过程和服务程序。
2. 了解柠檬糖马天尼调制与服务的考核方式和评定标准。
3. 知道柠檬糖马天尼背后的故事和文化。
4. 熟悉柠檬糖马天尼的邮轮酒谱。

任务导入

柠檬糖原来指的是一种家喻户晓的柠檬软糖，颜色发黄，很酸，外面裹了厚厚的一层糖霜。这种酒的味道和软糖简直一模一样，而且酒杯的边缘也沾上了一圈糖霜，所以自然而然地取了与软糖相同的名字：柠檬糖马天尼。

知识学习

柠檬糖马天尼邮轮酒谱如图4-14所示。

柠檬糖马天尼

杯具：马天尼杯
调制方法：捣和、摇和和滤冰法
装饰物：糖边、柠檬卷曲条
配方：45毫升柠檬伏特加、30毫升甜酸汁、4个柠檬角、1茶匙砂糖
调制过程：将4个柠檬角和1茶匙砂糖放入摇酒厅中，捣和后，再按配方加入柠檬伏特加、甜酸汁，加冰摇和均匀后，滤入上糖边的马天尼杯中，用柠檬卷曲条挂杯装饰

图4-14　柠檬糖马天尼邮轮酒谱

任务准备

以3～4人为一个小组，准备原料和工具，如表4-15所示，采用角色扮演的方式，营造真实工作情境，以调酒师的身份轮流为客人进行柠檬糖马天尼调制与服务。

表4-15　柠檬糖马天尼调制与服务所需原料和用具清单

| 伏特加 | 马天尼杯 | 柠檬角 | 甜酸汁 | 冰块 |

续表

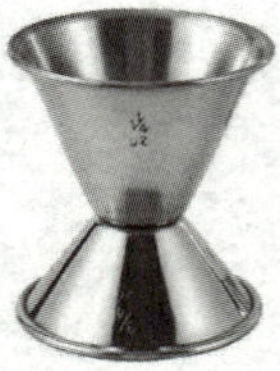	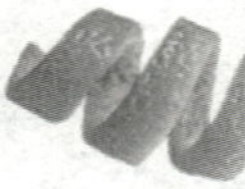	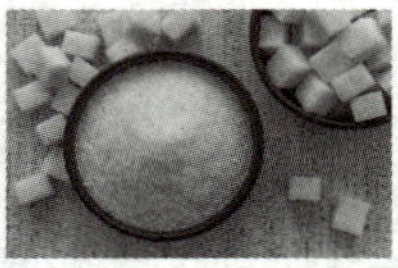	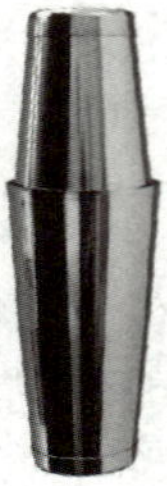	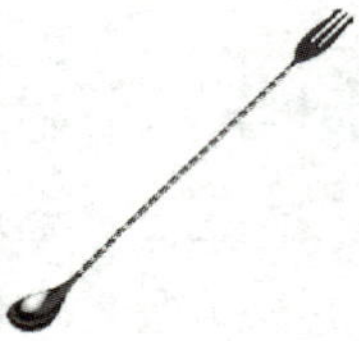
量酒器	柠檬卷曲条	砂糖	波士顿摇酒壶	吧匙
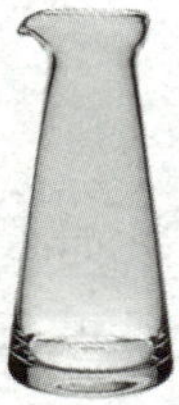	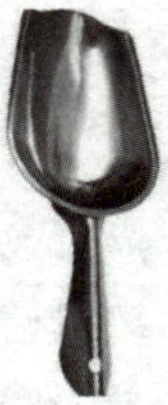	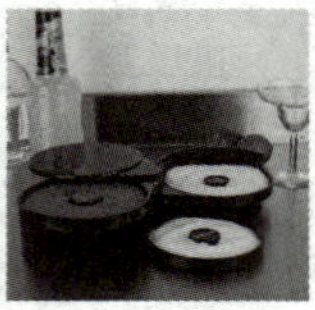	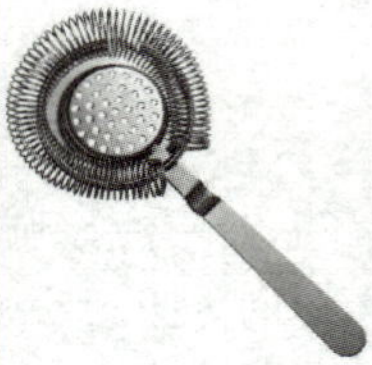	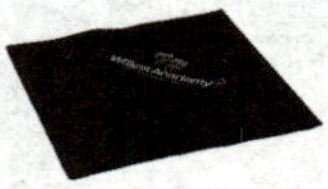
果汁壶	冰铲	鸡尾酒沾边盒	霍桑过滤器	酒吧服务纸巾
	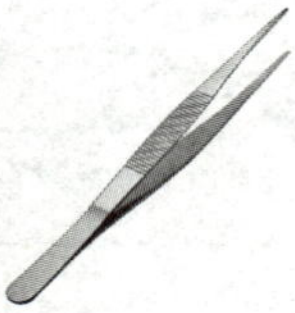	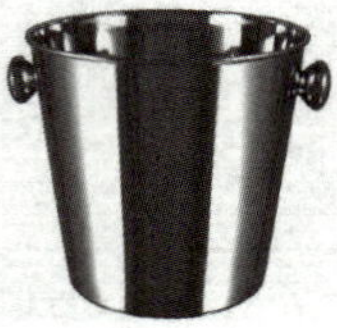	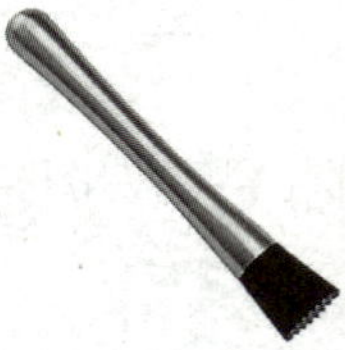	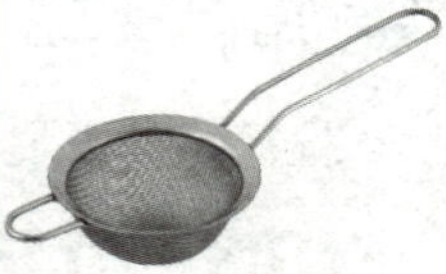
托盘	镊子	冰桶	碾压棒	网式过滤器
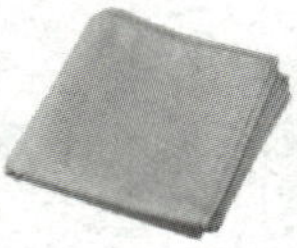	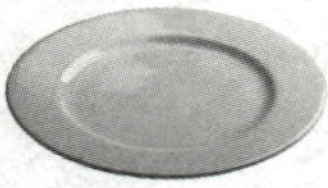			
擦杯布	咖啡杯底碟			

任务实施

一、柠檬糖马天尼调制

柠檬糖马天尼调制过程，详见表 4-16。

M4-7　柠檬糖马天尼调制

表 4-16　柠檬糖马天尼调制过程

步骤	项目	操作要领	图示
第一步	准备	将原料和用具依次放在工作台上	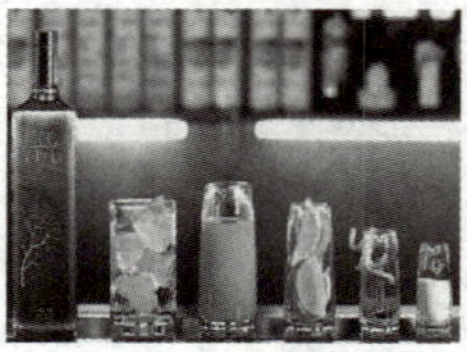

续表

步骤	项目	操作要领	图示
第二步	擦杯	将擦杯布折起,左手大拇指和食拇扭住擦杯布上端;右手取杯,杯底部放入左手手心,握住;右手将擦杯布的另一端绕起,放入杯中;右手拇指伸入杯中,其他四指握住杯子外部,左右手交替转动擦拭杯子;擦干净后,右手握住杯子的下部,放置于吧台指定的地方备用	
第三步	上糖边	右手拿杯底,将杯口倒置于三层沾边器的青柠檬汁层和糖层,轻轻沾满糖边备用	
第四步	放材料	将波士顿摇酒壶放于调酒操作台,依次加入柠檬角、砂糖	
第五步	捣和	用碾压棒的底部在壶中挤压柠檬角,使柠檬的汁液流出	
第六步	再次放材料	再次加入伏特加、甜酸汁	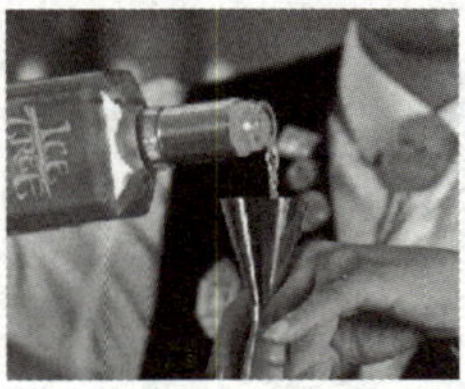
第七步	摇和	波士顿摇酒壶中加满冰块,盖上小厅,用双手摇的方法摇匀至外部结霜即可	
第八步	过滤	采用过滤与再度过滤技法将鸡尾酒滤入上糖边的马天尼杯中	

续表

步骤	项目	操作要领	图示
第九步	装饰	用镊子夹取柠檬卷曲条挂杯装饰	
第十步	清洁	调制完毕后,随手清洁台面、量酒器、波士顿摇酒壶、滤冰器等工具,养成良好的职业习惯	

二、柠檬糖马天尼服务

柠檬糖马天尼服务程序与长岛冰茶的服务程序相同,详见表4-3。

任务评价

任务评价和长岛冰茶的任务评价相同,主要从仪容仪表、调制过程、服务程序、学习态度和综合印象几个方面进行评价,详见表4-4。

任务小结

柠檬糖马天尼调制过程如图4-15所示;服务程序和长岛冰茶的服务程序相同,详见图4-3。

图4-15 柠檬糖马天尼调制过程

思考题

简答题

简述柠檬糖马天尼鸡尾酒的调制过程和服务程序。

项目五　我已爱上邮轮生活
——转型为邮轮酒吧管理人员

项目概述

本项目从学习邮轮酒吧现场管理入手，首先让读者对邮轮酒吧管理工作有初步了解；然后通过邮轮酒吧人员、安全和卫生管理学习，让读者了解酒吧人员、安全和卫生管理基础知识，掌握邮轮酒吧排班、员工培训和员工考核方法，学会酒吧火灾、人工搬运伤害和客人醉酒等安全事故的应对措施；最后对酒吧酒水管理进行详细介绍。

项目目标

知识目标

1. 了解邮轮酒吧岗位设置和各岗位工作职责。
2. 熟悉邮轮酒吧现场管理、人员管理、安全卫生管理和酒水管理的工作内容。
3. 能说出邮轮酒吧开吧和收吧检查项目，邮轮酒吧人员的职业素养和职业道德要求，酒水采购、验收、储存管理流程和标准。

能力目标

1. 能运用专业知识和技能、采取有效的沟通解决酒吧现场管理、人员管理、安全卫生管理和酒水管理中出现的各种问题。
2. 能有效运用培训、督促和激励手段，保证酒吧处于良好的运营状态，创造一个和谐舒适的工作环境。
3. 能制定酒吧现场管理、人员管理、安全卫生管理和酒水管理的标准和流程，通过标准化和流程化管理，有效控制酒水成本，防止浪费，减少损耗，改善酒水服务质量，提高顾客的满意度。

素质目标

1. 培养学生管理标准意识。
2. 使学生拥有温文尔雅的品格，开朗的性格和热情的待客之道。
3. 培养处事冷静、做事认真、关注细节、尊重同事、关爱下属、对人宽容、甘于忍让、严于律己、以行动服人、为人正直、表里如一、谦虚谨慎、善于学习的素质。
4. 培养重视安全卫生、保证出品优良的高度责任。

5. 树立终身学习的理念。
6. 具备爱岗敬业、诚实守信、遵纪守法、廉洁奉公的职业道德。

任务1　酒吧现场管理初战——成为一名酒吧领班

学习目标

1. 熟悉营业后收吧清理工作的管理内容。
2. 知道盘存、领取和补充酒水的注意事项。
3. 掌握邮轮酒领取、补充酒水和酒水盘存的工作流程，酒吧设备使用与维护方法。
4. 了解营业前酒吧摆放标准、营业中酒水调制与服务规范、营业后邮轮酒吧清理标准。

任务导入

酒吧领班是邮轮酒吧的基层管理人员，是调酒师、酒吧服务员和吧员的直属上级，主要负责酒吧的现场管理，检查自己负责区域日常工作情况和员工报到情况，防止岗位缺人，激励下属员工努力工作。酒吧部主管缺席时，酒吧领班负责酒吧部的人事工作。

知识学习

营业前开吧准备包括调酒工具和酒杯摆放、陈列酒水、领取和补充酒水、使用与维护邮轮酒吧主要设备。

一、调酒工具和酒杯摆放

邮轮酒吧调酒工具和酒杯摆放遵循美观大方、方便工作和专业性强的原则，摆放标准如图 5-1 ～图 5-4 所示。

> **小经验**：第一次担任国际邮轮调酒师时，我认为调酒工具和酒杯摆放是固定不变的，所以我用相机记录了摆放标准。第二天当班时，我在开吧前一个小时便来准备，按照照片一一复原。随着调酒师工作的不断深入，我意识到调酒工具和酒杯摆设会随着酒吧结构的不同、调酒师工作能力和习惯而有所调整，但是遵循美观大方、方便工作和专业性强的原则是不变的。

项目五 我已爱上邮轮生活——转型为邮轮酒吧管理人员 197

图5-1 邮轮酒吧营业前开吧准备全景图

图5-2 邮轮酒吧吧台调酒工具摆设（1）

图5-3 邮轮酒吧吧台调酒工具摆设（2）

图5-4 邮轮吧台酒杯摆设

① 酒吧点单销售电脑。
② 纸巾吸管盒——存放服务酒吧纸巾、吸管、搅拌棒。
③ 装饰物盒——存放柠檬、青柠檬、樱桃、菠萝片等水果装饰物。
④ 垃圾桶——分类存放空酒瓶、酒罐、纸巾、吸管等酒吧垃圾,调酒师在营业过程中要及时更换垃圾袋,以保证酒吧正常运转。
⑤ 酒吧滤水垫——用于沥干清洗后的用具。
⑥ 搅拌杯——用于调制鸡尾酒。
⑦ 果汁槽——存放鸡尾酒果汁,槽里需要放置碎冰冰镇果汁。
⑧ 量酒器——酒水度量工具,邮轮酒吧客人喜欢在吧台点酒水,为了避免客人碰到量酒器,通常将其放置于左手边操作台的滤水垫上。
⑨ 滤冰器——放置于左手边操作台的滤水垫上。
⑩ 特饮鸡尾酒——酒吧销量大的特饮鸡尾酒,调酒师根据每日销售报表批量调制存放于左手边操作台上,能有效保证出品的速度。
⑪ 古典杯——存放于中间操作台,方便两边调酒师取用。
⑫ 长饮杯——存放于中间操作台,方便两边调酒师取用。
⑬ 巧克力酱——用于制作巧克力漩涡装饰物,和特饮鸡尾酒一起放置于搅拌机右手边的操作台。
⑭ 冰沙搅拌机——放置于专用凹槽,用于调制冰沙鸡尾酒。
⑮ 平台冷柜——存放果汁、水果装饰物等鸡尾酒辅料。
⑯ 搅拌杯——一个放置于搅拌机槽内,另一个放置于左边操作台的滤水垫上。
⑰ 酒水单——放置于吧台,方便客人点单。
⑱ 波士顿摇酒壶——置于左手边操作台的滤水垫上。
⑲ 水槽——清洗调酒用具。
⑳ 苏打枪——可以制作可乐、雪碧、苏打水、汤力水等碳酸饮料。
㉑ 带酒嘴酒瓶——放置于酒槽内,提升倒酒速度。
㉒ 双层酒槽——用来放置六大基酒和常用酒水,提升取酒速度。
㉓ 工具桶——放置于冰槽和果汁槽之间。
㉔ 捣碎棒——放置于工具桶中。
㉕ 冰铲桶和冰铲——放置于酒槽中。
㉖ 消毒水白色桶——放置于吧台内的地面,方便随时清理吧台和操作台。
㉗ 香槟杯——放置于后吧左侧,使用频率非常低。
㉘ 白葡萄酒杯——放置于后吧左侧,使用频率较低。
㉙ 红酒杯——放置于后吧左侧,使用频率低。
㉚ 鸡尾酒杯——放置于后吧台中间,使用频率高。
㉛ 长饮杯——放置于后吧台中间,使用频率高。
㉜ 古典杯——放置于后吧台中间,使用频率高。
㉝ 邮轮纪念杯——放在后吧正中间,方便客人购买。

二、陈列酒水

营业前开吧酒水陈列包括展示柜酒水、酒槽酒水和吧台特饮酒水摆放。

（一）展示柜酒水摆放

邮轮酒吧展示柜酒水按金酒、伏特加、威士忌、白兰地、朗姆酒、特基拉和利口酒分类摆放，酒标应朝向客人。

（二）酒槽酒水摆放

邮轮酒吧工作台酒槽上层摆放基酒，下层摆放利口酒、开胃酒和糖浆，酒标应朝向调酒师，开吧时瓶口插上酒嘴，如图5-5所示。

图5-5　酒槽酒水摆放

（三）吧台特饮酒水摆放

邮轮运动酒吧通过展示特饮鸡尾酒、纪念杯、小伞和球吸引顾客品尝、购买，吸引顾客的注意力，持续有效的吧台特饮酒水摆放会带来更多的销售。

三、领取和补充酒水

（一）领取酒水的流程

（1）填写领取酒水申请表：负责营业后的收吧清理及酒水盘存的调酒师，以标准存货量为依据，参考酒吧销售日报表，在电脑上填写邮轮领取酒水申请表。

领取酒水申请表主要填写内容如下：
- 产品编号：邮轮酒吧酒水编码。
- 产品名称：酒水全名和规格大小。
- 申领数量：酒吧计划领取的酒水数量。
- 单价：酒水的进货价格，填写中电脑系统自动生成。
- 酒吧库存：酒吧库存数量。
- 酒水调拨：从其他酒吧调拨酒水数量。
- 邮轮库存：邮轮仓库库存数量，便于酒吧经理随时查看有无领货可能，及时补充仓库库存，以满足邮轮酒吧营业需求。

●库房名称:邮轮库房众多,调酒师应熟悉领取酒水的库房位置。

(2)领取酒水申请表提交酒水部经理审核确认后,酒吧领班统一打印,分发到各个酒吧。

(3)调酒师根据邮轮仓库规定的领货时间,系上安全腰带,带着酒吧推车和酒水申请表到指定仓库领货。

(4)领取酒水时调酒师要仔细核对酒水名称、数量。

(5)核对无误后,调酒师在申请表上签字确认,方可将酒水运回酒吧。

(二)补充酒水的流程

遵循先进先出的原则和邮轮酒吧酒水服务标准,将领取的酒水分类补充到酒柜、酒架和雪柜中。补充酒水时要轻拿轻放,避免造成破损;要及时检查酒水的保质期;酒水补充完毕后,当班调酒师在酒水盘存表中如实填写领入数,以确保营业后盘存的真实性。

四、使用与维护邮轮酒吧主要设备

酒吧领班应保证各酒吧设备的正常运行,督促调酒师、侍酒师、酒吧服务员和吧员完成冰箱、葡萄酒柜、电动搅拌机、制冰机和洗杯机等酒吧设备的日常维护记录。邮轮酒吧常用设备如表5-1所示。

M5-1 邮轮酒吧主要设备的使用与维护

表5-1 邮轮酒吧常用设备

葡萄酒柜	制冰机	洗杯机	电动搅拌机
碎冰机	冰箱	扎啤机	冰杯机

任务准备

以4人为一个小组,营业前开吧准备完毕后,采用吧员、酒吧服务员、调酒师和酒吧领班角色扮演的方式,分工协作,营造真实工作情境,以酒吧领班的身份轮流进行营业中酒水调制与服务管理训练。

任务实施

邮轮酒吧酒水服务工作规范

一、仪容仪表检查

邮轮酒吧工作人员每日上岗前必须对自己的仪容仪表进行检查,做到制服干净整洁、熨烫挺括、合身,工鞋干净,工作中站姿、走姿优美,要有明朗的笑容。

二、迎接客人

客人进入酒吧,在客人靠近的20～30秒内面带微笑问候客人,向客人表示热烈的欢迎。

三、领客入座

带领客人到合适的座位前,帮客人拉椅子,让客人入座,要记住女士优先。

四、递酒单

客人入座后立即递上酒水单。如果几批客人同时到达,要先一一招呼客人坐下后再递酒水单。酒水单要直接用双手递到客人手中,并将第一页打开,不要直接放在台面上。

五、点酒

(1)递上酒水单后稍等一会儿,礼貌询问客人要喝什么酒水。
(2)如果客人没做决定,可向客人推荐酒水,让客人选择。
(3)客人点酒水时,调酒师(酒吧服务员)要耐心细致,有些客人会询问酒水的质量、产地和鸡尾酒的配方,调酒师(酒吧服务员)要简单明了地介绍。
(4)如果一张台有若干客人,调酒师(酒吧服务员)务必对每一个客人点的酒水做记号,以便正确地将客人点的酒水送上。

六、开单

调酒师(酒吧服务员)在填写酒水单时要重复客人所点的酒水名称、数目,避免出差错。确认订单后,迅速使用客人房卡在邮轮酒吧销售电脑下单、打印二联单小票。

七、配制酒水

(1)调酒师凭酒水销售小票按照邮轮酒谱配制酒水,没有销售小票出品酒水会违反酒吧的规章制度。
(2)每次调制酒水后一定要把用完的酒水放回原位置,不要堆放在工作台上,以免影响操作。
(3)倒酒时不慎滴或打翻在工作台上的酒水要及时擦掉,要注意经常清洁与整理工作台。

八、酒品服务

酒水调制完毕，使用托盘服务，上酒水前先放杯垫或酒吧服务纸巾，再放酒水，酒水放在客人右手上端，大声报酒名，请客人慢用。

九、巡台服务

（1）主动询问客人味道如何，并向客人介绍酒水的故事和文化。

（2）随时留意客人的酒杯，当客人的杯子快要空的时候，主动询问客人是否需要再来一杯。

（3）要注意观察台面，客人使用的烟灰缸需要及时更换；经常用干净湿毛巾擦拭台面，确保无酒水残迹；随手撤掉空杯或空瓶罐，让客人在不知不觉中获得各项服务。

十、送客

客人离去时，要热情地送别，真诚表示欢迎他们再次光临。

十一、收台

（1）客人离开后，清除客人桌子上的空酒杯、纸巾、吸管、水果装饰物和垃圾，收回酒吧清洗间。

（2）空酒杯放入洗杯机中清洗，纸巾、吸管、水果和垃圾做分类处理。

（3）清洁桌子，重新安排座位，恢复到开吧营业的状态。

酒吧领班根据邮轮酒吧酒水调制与服务规范制定工作检查表。对照检查表，依据发现的问题拟定有针对性的酒吧业务知识和技能培训计划。制作 PPT，运用角色扮演，情景模拟教学方法对组员进行培训，提高管理效能。

任务评价

任务评价主要从仪容仪表、制定工作检查表、拟定培训计划、组织培训、学习态度和综合印象几个方面进行评价，详见表 5-2。

表 5-2 "酒吧现场管理初战——成为一名酒吧领班"任务评价表

项目	M 测量 J 评判	标准名称或描述	总分/分	评分示例	得分 ___组	___组	___组
仪容仪表	M	制服干净整洁，熨烫挺括，合身，符合行业标准	1	Y/N			
	M	鞋子干净且符合行业标准	1	Y/N			
	M	男士修面，胡须修理整齐；女士淡妆，身体部位没有可见标记	1	Y/N			
	M	发型符合职业要求	1	Y/N			
	M	不佩戴过于醒目的饰物	0.5	Y/N			
	M	指甲干净整洁，不涂有色指甲油	0.5	Y/N			
	J	所有工作中站姿、走姿一般，在完成有挑战性的工作任务时仪态较差，1 分； 所有工作任务中站姿、走姿良好，表现专业，但是仍有瑕疵，3 分； 所有的工作中站姿、走姿优美，表现非常专业，5 分	5	1 3 5			

续表

项目	M 测量 J 评判	标准名称或描述	总分/分	评分示例	得分 ___组	___组	___组
制定工作检查表	J	使用电脑不熟练，2 分； 使用电脑熟练程度一般，4 分； 使用电脑熟练，6 分	6	2 4 6			
	J	表格制作缺乏思路，有的内容缺失和重复，2.5 分； 表格制作完整，内容不够丰富，5 分； 表格制作精美，内容能表达酒吧酒水服务工作规范，7 分	7	2.5 5 7			
拟定培训计划	J	问题判断错误，解决方法错误，3.5 分； 问题判断正确，解决方法错误，7 分； 问题判断正确，解决方法正确，10 分	10	3.5 7 10			
	J	酒水调制与服务过程中发现问题表述不完整，3.5 分； 酒水调制与服务过程中发现问题表述较完整，7 分； 酒水调制与服务过程中发现问题表述完整，10 分	10	3.5 7 10			
	J	培训计划内容不足，不能解决检查中发现的问题，3.5 分； 培训计划内容单一，基本能解决检查中发现的问题，7 分； 培训计划内容丰富，整理有序，合理，能较好解决检查中发现的问题，10 分	10	3.5 7 10			
组织培训	J	培训 PPT 制作缺乏思路，内容有重复，词不达意，领班能基本完成培训工作，3 分； 培训 PPT 制作完整，内容不够丰富，领班能顺利完成培训工作，6 分； 培训 PPT 制作精美，内容翔实，图文兼备，领班精神面貌好，思路清晰有条理，9 分	9	3 6 9			
	J	准备不充分，培训目标不明确，内容空洞，培训讲授正确，不熟练，没有重点，3 分； 准备充分，培训目标明确，内容一般，培训讲授正确，熟练程度一般，没有重点，6 分； 准备充分，培训目标明确，内容充实，培训讲授正确熟练，重点突出，9 分。	9	3 6 9			
	J	不能将理论联系工作实际，培训方式单一，不能激发组员学习兴趣，3 分； 能将理论联系工作实际，培训方式单一，组员学习兴趣一般，6 分； 能将理论联系实际，培训方式灵活多样，能激发组员学习兴趣，9 分	9	3 6 9			
	J	培训效果不好，组员收获不大，能力和素质都没有提高，3 分； 培训效果一般，组员收获一般，能力稍有增强，素质稍有提高，6 分； 培训效果好，组员收获大，能力得到增强，素质得到提高，9 分	9	3 6 9			
学习态度	J	学习态度有待加强，被动学习，延时完成学习任务，5 分； 学习态度较好，按时完成学习任务，10 分； 学习态度认真，方法多样，积极主动，15 分	15	5 10 15			

续表

项目	M 测量 / J 评判	标准名称或描述	总分/分	评分示例	得分 ___组	___组	___组
综合印象	J	在所有任务中状态一般，当发现任务具有挑战性时表现为不良状态，1 分； 在执行所有任务时保持良好的状态，看起来很专业，但稍显不足，3 分； 在执行任务中，始终保持出色的状态标准，整体表现非常专业，5 分	5	1 3 5			
选手用时							

裁判签字： 　　　　　　　　　　　　　　　　　　　　　　　　年　月　日

任务拓展

一、营业后收吧清理工作管理

营业后的收吧清理工作管理包括清洗酒杯和调酒工具，清理酒水、装饰物、果汁和垃圾桶，清洁酒柜、吧台、工作台和地面，详见表 5-3。

表5-3 营业后的收吧清理工作

项目	概述	图示
清洗酒杯和调酒工具	（1）所有脏酒杯和使用过的调酒工具，分类放入杯筐中，放进清洗、冲洗、消毒三合一自动洗杯机洗涤。 （2）玻璃器皿不可和不锈钢工具混合洗涤，容易造成破损，增加经营成本。 （3）清洗干净的酒杯和调酒工具，分类摆放在杯筐架上，自然风干	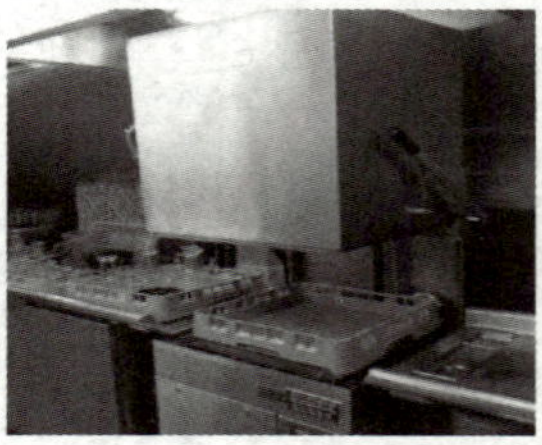
清理酒水	（1）展示柜中陈列的酒水，用湿抹布擦拭酒瓶及瓶口，然后放回酒柜中。 （2）酒槽酒水先卸下酒嘴，用湿抹布清理瓶口，重新拧上瓶盖，再放入酒柜中。 （3）吧台特饮鸡尾酒全部倒掉，纪念杯和酒吧装饰物用湿抹布清理后，放回酒柜	
清理装饰物和果汁	未使用完毕的新鲜水果装饰物和果汁若放置 4 小时以上，不可回收再用，冰箱中的装饰物应用保鲜盒装好，密封保存	

续表

项目	概述	图示
清理垃圾桶	将酒吧内的垃圾倒掉，换上新垃圾袋，把垃圾桶四周清洗干净	
清洁酒柜、酒吧台、工作台和地面	（1）先用带洗洁精溶液的湿毛巾擦拭酒柜、酒吧台和工作台，用地板刷刷洗地面。 （2）再用清洁的湿毛巾擦干酒柜、酒吧台和工作台，地面用少许的清水冲洗。 （3）最后用带消毒水溶液的湿毛巾擦拭酒柜、酒吧台和工作台表面，地面放上少量消毒水溶液，用刮水器刮均匀	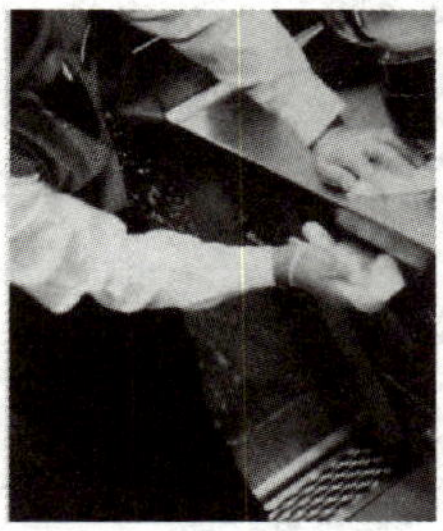

二、邮轮酒吧清理三桶系统

邮轮酒吧清理三桶系统（3 Bucket System）程序包括：准备、清洗、冲洗和消毒四个步骤，详见表5-4。

表5-4　邮轮酒吧清理三桶系统

步骤	项目	操作要领
第一步	准备	戴上手套，将一瓶盖消毒水倒入白色桶，加满水，用试纸测量浓度，调整至100ppm备用
第二步	清洗	红色桶中装入洗洁精溶液，用于酒吧清洗
第三步	冲洗	灰色桶装入清水，用于清洗后的冲洗，彻底去除污渍和洗洁精残留
第四步	消毒	白色桶中100ppm的消毒水溶液，用于酒吧消毒，消毒后须自然风干

三、酒水盘存管理

（一）酒水盘存的工作流程

邮轮酒吧营业后酒水盘存见表5-5（以海洋小夜曲号为例）。

表5-5　邮轮酒水盘存表

海洋小夜曲号

日期：　　　　　　　　　　　　　　　　　　　　　　航次：

调酒师：　　　　　　　　　　　　　　　　　　　　　审计：

产品名称	定期自动补货标准	盘点	申请
布克斯小批量波本威士忌750毫升	1		
杰克丹尼黑牌波本威士忌1升	3		
占边波本威士忌1升	2		
诺布溪波本威士忌750毫升	1		

续表

产品名称	定期自动补货标准	盘点	申请
美格波本威士忌 1 升	2		
绅士杰克丹尼波本威士忌 1 升	1		
通用品牌波本威士忌 750 毫升	3		
雷伯龙甘蔗酒 1 升	1		
金巴利比特酒 1 升	1		
杜本纳 1 升	1		
菲奈特·布兰 700 毫升	1		
拿破仑 VS 干邑 1 升	1		
拿破仑 VSOP 干邑 1 升	1		
拿破仑 XO 干邑 1 升	1		
人头马 VSOP 干邑 1 升	1		
人头马 XO 干邑 700 毫升	1		
必富达金酒 1 升	2		
孟买蓝宝石金酒 1 升	3		
亨利爵士金酒 1 升	2		
皇家加勒比通用品牌金酒 1 升	3		
添加利金酒 1 升	3		
添加利 10 号金酒 1 升	1		

主要填写内容如下：

（1）日期：盘存当天的日期，邮轮工作繁忙，酒吧根据营业情况 2～3 天盘存一次。

（2）航次：邮轮的航次，在邮轮指南上可以查询。

（3）调酒师：邮轮晚班关吧调酒师负责酒水盘点并签字确认。

（4）产品名称：酒水全名和规格大小。

（5）定期自动补货标准：Periodic Automated Replenishment 缩写，是酒吧标准存货量，当酒品实际盘存数小于酒吧标准存货量时，需要根据差额申领酒水。

（6）盘点：酒吧实际盘存数。

（7）申请：申请领取酒水的数量。

（二）酒水盘存注意事项

（1）调酒师要仔细核对盘存表中盘点数和酒吧实际数量是否相同，不可弄虚作假。

（2）调酒师在酒水盘存表中如实填写领入数，以确保营业后盘存的真实性。

（3）邮轮酒吧盘点酒水时采用测量法，把整瓶酒分为 10 等份来计量。

（4）调酒师在酒水盘存表中如实填写调拨酒水的品种和数量，以确保盘存的准确性。

（5）系统中酒水销售总数应与出品总数相同，出品总数根据点酒单计算。

思考题

一、单项选择题

1. 酒吧领班是邮轮酒吧的基层管理人员，是调酒师、酒吧服务员和吧员的直属上级，主要负责酒吧（　　）。
　　A. 现场管理　　　　　　　　　　　B. 人员管理
　　C. 酒水管理　　　　　　　　　　　D. 安全和卫生管理
　2. 酒吧补充酒水遵循（　　）的原则和邮轮酒吧酒水服务标准，将领取的酒水分类补充到酒柜、酒架和雪柜中。
　　A. 先进先出　　　B. 先进后出　　　C. 后进先出　　　D. 随进随出
　3. 邮轮酒吧盘点酒水时采用测量法，把整瓶酒分为（　　）等份来计量。
　　A.5　　　　　　　B.10　　　　　　C.15　　　　　　D.18
　4. 邮轮上的新鲜水果装饰物和果汁放置（　　）小时以上，不可回收再用。
　　A.2　　　　　　　B.4　　　　　　　C.6　　　　　　　D.8

二、多项选择题

营业前开吧陈列酒水包括（　　）摆放。
　　A. 展示柜酒水　　　　　　　　　　B. 酒槽酒水
　　C. 吧台特饮酒水　　　　　　　　　D. 仓库酒水

三、简答题

简述邮轮现场管理的工作内容。

任务2　酒吧管理晋级——成为一名酒吧主管

学习目标

1. 了解邮轮酒吧人员管理的标准和流程。
2. 知道邮轮酒吧岗位设置和各岗位工作职责。
3. 熟悉邮轮酒吧人员的职业素养和职业道德要求。
4. 掌握邮轮酒吧排班表编制、员工培训和员工考核方法。

任务导入

　　酒吧主管是邮轮酒水部的人事专员，主要负责酒吧人员管理，在皇家加勒比国际邮轮公司只有航行者号以上级别邮轮的酒水部才设有酒吧主管的职位。酒吧副经理缺席时，酒吧主管代理酒吧副经理行使其各项职责，并在自己负责的酒吧执行酒吧领班的各项职责。

知识学习

一、邮轮酒吧各岗位职责

邮轮酒吧各岗位职责如表 5-6 所示。

表5-6 邮轮酒吧各岗位职责

岗位名称	岗位描述	工作职责
酒水部经理	是邮轮酒吧部的负责人,主要职责是酒吧酒水管理,尽可能降低酒吧的运营成本,追求最大化的销售业绩,提高客人、员工和公司的满意度,保证整个酒水部的正常运转,一般负责白天的日常运营管理,酒水部经理的直属上级是餐饮部经理,下级是酒吧副经理	(1)负责酒吧酒水标准化管理,控制酒水成本,防止浪费,减少损耗,尽可能降低酒吧的运营成本,追求最大化的销售业绩,提高客人、员工和公司的满意度。 (2)和客人保持良好的关系,积极听取客人意见,不断改善酒水部服务质量,提高顾客的满意度。 (3)主持召开酒水部例会,传达公司的信息,积极听取员工的意见和建议,并提出改进方案,创造一个和谐舒适的工作环境。 (4)检查各酒吧每日销售情况,根据销售情况制定酒水部销售和促销计划。 (5)按邮轮活动需要预备各种酒会酒水。 (6)制定酒吧各类用具清单,定期检查补充。 (7)检查食品仓库酒水存货情况,填写酒水采购申请表。 (8)制定各类酒水的服务标准和酒水价格。 (9)制定各项鸡尾酒的配方及各类酒水的销售标准。 (10)完成每月工作报告,向餐饮部经理汇报工作情况。 (11)根据每个航程酒水部满意度,制定改进方案。 (12)根据邮轮的到港情况和娱乐部总监安排的娱乐活动,确定各个酒吧的营业时间
酒水部副经理	是邮轮酒吧部第二责任人,主要职责是酒吧安全和卫生管理,有效地培训调酒师、侍酒师和酒吧服务员,安全卫生合法地为客人服务,提高客人满意度。协助酒水部经理保证各酒吧正常运营,最大化实现销售业绩,有效降低酒吧的成本。酒水部副经理的直属上级是酒水部经理,下级是酒吧主管	(1)负责酒吧安全和卫生管理,有效地培训调酒师、侍酒师和酒吧服务员,安全卫生合法地为客人服务,提高客人满意度。 (2)协助酒水部经理制定各类酒水的销售和服务标准。 (3)处理客人和其他部门投诉,通过有效沟通与客人和其他部门保持良好的关系。 (4)协助酒水部经理制定各类用具清单,并定期检查补充。 (5)检查各酒吧酒水存货情况,根据存货情况制定领货计划。 (6)协助酒水部经理完成每月工作报告。 (7)酒水部经理缺席时代理其行使其各项职责
酒吧主管	是邮轮酒水部的人事专员,主要负责酒吧人员管理,在皇家加勒比国际游轮公司只有航行者号以上级别邮轮的酒水部才设有酒吧主管的职位	(1)负责酒吧人员管理,处理员工投诉,调解员工纠纷。 (2)负责解决员工的各种实际问题,例如制服、调班、加班就餐、业余活动等。 (3)根据营业需要调动、分派、安排员工工作。 (4)对酒吧员工的操作方法、工作规范进行培训。 (5)酒水部副经理缺席时代理其行使其各项职责。 (6)根据员工表现做好考核工作,执行各项纪律。 (7)在自己所负责的酒吧执行领班的部分职责
酒吧领班	是邮轮酒吧的基层管理人员,是调酒师、酒吧服务员和吧员的直属上级,主要负责酒吧的现场管理,检查自己负责区域酒吧日常工作情况和员工报到情况,防止岗位缺人,激励下属员工努力工作。酒水部主管缺席时,负责酒吧部的人事工作	(1)负责酒吧现场管理,每个航程都进行倒酒测试,并做好记录,交给酒水部副经理存档。 (2)保证各酒吧正常供应各类酒水,处于良好的运营状态。督促做好各酒吧每个航程的酒水盘点工作,根据各酒吧的库存情况和调酒师的领货申请,制定领货计划,交与酒水部经理核查批准,并于第二天到仓库领货。 (3)保证各酒吧机器设备的正常工作,督促调酒师、侍酒师、酒吧服务员和吧员完成冰箱、葡萄酒柜、电动搅拌机、制冰机和洗杯机等酒吧设备的日常维护记录。 (4)督促各酒吧的工作人员按时到岗和在岗并及时调整。 (5)督促每个酒吧准时开吧并按照邮轮酒吧服务标准设置;酒吧营业结束后做好卫生检查工作。 (6)负责各类宴会现场的酒水预备、人员安排和准备工作。 (7)负责酒吧各类促销活动的现场预备、人员安排和准备工作。 (8)促进团队合作,为酒吧服务员和吧员提供工作培训,以提高酒水服务质量和酒吧工作效率

续表

岗位名称	岗位描述	工作职责
调酒师	在邮轮各个酒吧或餐厅专门配制酒水，在吧台区域销售服务酒水并让游客领略酒水文化和酒吧情调的专业人员	（1）执行邮轮服务标准、卫生指南、环境和安全政策。 （2）根据邮轮酒谱为游客调制和提供酒水，确保客人达到最低饮酒年龄，酒水调制过程中必须使用量酒器，酒水服务时需要有装饰物。 （3）执行邮轮酒水服务标准，用正确的酒杯为客人提供葡萄酒、生啤酒或瓶装啤酒。 （4）收集吧台区客人的房卡，并在销售点单系统中输入准确数据，将账单交给客人签字并收取费用。 （5）酒水陈列、酒吧摆设和特色鸡尾酒展示要有吸引力，酒水调制过程中要随时留意酒水、辅料、装饰物、杯具、酒吧小吃的库存，及时补充，以提高工作效率。 （6）维护酒吧或鸡尾酒廊区域的清洁卫生。确保吧台、吧凳干净、整洁和有序，及时移除空或脏的玻璃杯和酒瓶，并将其送回后吧。 （7）按照酒吧管理标准进行盘点，每日根据营业情况和库存标准提交申领单，保证酒吧里酒水、工具和酒杯满足营业需求。 （8）按邮轮要求参加安全演习、酒吧会议、邮轮或酒吧培训、安全课程等所有与工作相关的活动
酒吧服务员	在邮轮各个酒吧或鸡尾酒酒廊为坐在吧桌旁或在船上特殊活动中站着的客人提供饮料服务的专业人员	（1）执行邮轮服务标准、卫生指南、环境和安全政策。 （2）接受所有饮料订单，然后将其转给调酒师。确保客人达到最低饮酒年龄。 （3）按照邮轮酒吧标准，把调酒师调制的酒水，放在托盘上，连同鸡尾酒餐巾提供给客人。 （4）收集酒桌区客人的房卡，并在销售点单系统中输入准确数据，将账单交给客人签字并收取费用。 （5）维护酒吧或鸡尾酒廊区域的清洁卫生。确保吧桌、吧椅干净、整洁和有序，及时移除空或脏的玻璃杯和酒瓶，并将其送回后吧，掌握餐巾折叠技巧。 （6）按邮轮要求参加安全演习、酒吧会议、邮轮或酒吧培训、安全课程等所有与工作相关的活动
吧员	保持邮轮各个酒吧工作区装饰物和库存充足，玻璃器皿和用具干净、有序，维护酒吧设备的专业人员	（1）执行邮轮服务标准、卫生指南、环境和安全政策。 （2）保持酒吧工作区域的清洁，并遵循邮轮酒吧卫生程序，维护酒吧设备、清洗和陈列调酒工具、清洗和擦拭酒杯、制作酒吧基础装饰物、从邮轮仓库领取酒水到酒吧，补充酒水到酒柜。 （3）负责酒吧垃圾分类和处理、垃圾桶清洁。 （4）确保酒吧有充足的酒杯、冰桶、小吃，并根据营业需要进货。 （5）参与酒吧开吧和关吧相关的所有活动。 （6）在登船日，将邮轮酒吧供应商的货物放到仓库区域，然后领取到指定的酒吧。 （7）按邮轮要求参加安全演习、酒吧会议、邮轮或酒吧培训、安全课程等所有与工作相关的活动

二、熟悉邮轮酒吧工作人员的职业素养

邮轮酒吧服务是一种综合了多种技能的工作，要求酒吧工作人员必须具备较高的综合素质。

（一）邮轮酒吧工作人员基本职业素养要求

邮轮酒吧工作人员基本职业素养要求包含四个方面的内容，即仪容仪表要求、礼貌礼节要求、语言能力要求、沟通能力要求。

1. 仪容仪表要求

邮轮酒吧工作人员整洁、卫生、专业化的仪容仪表不仅代表了邮轮的形象，也能烘托出服务气氛，使客人心情舒畅。仪容仪表要求详见表5-7。

表5-7　邮轮酒吧工作人员仪容仪表要求

项目	概述
服饰与打扮	（1）身体：身体裸露处无文身。 （2）头发：头发梳理整齐。男性前不遮眉，后不过领，不留鬓角；女性如留长发，要用黑色或咖啡色的发绳把头发扎好。 （3）面部：男性不留胡须；女性要化淡妆，涂接近唇色的口红。 （4）服装：工作制服要干净、无破损、无异味，熨烫挺适。 （5）鞋袜：穿擦亮的黑皮鞋。男性穿深色无花底的袜子；女性穿肉色袜，干净，无皱，无破损。 （6）手及指甲：手指甲应勤修剪，不留超过1mm的长指甲，女性不涂有色的指甲油。 （7）首饰及工牌：不佩戴任何首饰，工牌佩戴在工服左胸处，不歪斜。 （8）个人卫生：勤洗澡，身上无异味，可适当喷清淡香型的香水
风度和个性服务	（1）站姿：身体直立、端正，身体重心放在两腿中间，挺胸收腹。 （2）语言：须做到友好、真诚、清楚，语速、语调适宜。 （3）倾听：集中注意力仔细地倾听客人讲话，用眼神交流，充分理解客人意图。 （4）表情：在服务中要用好自己的面部表情，特别要面带微笑，以赢得顾客的信任。同时，要注意观察客人的面部表情，特别是眉宇间的细微变化，以便更好地为客人服务。 （5）神情：情绪饱满，精力充沛。 （6）走姿：走姿优美，走路时精神饱满，步履矫健，给宾客留下良好的印象

2. 礼貌礼节要求

邮轮酒吧工作人员的礼貌礼节要求详见表5-8。

表5-8　邮轮酒吧工作人员的礼貌礼节要求

项目	概述
迎客	（1）宾客进门时要笑脸相迎，并致以亲切的问候。 （2）要引领宾客到满意的座位上
点单	（1）恭敬地向宾客双手递上清洁的酒单，耐心地等待宾客的吩咐，仔细地听清并完整地记下宾客提出的各项具体要求，必要时向宾客复述一遍，以免出现差错。 （2）留意宾客的细微要求，如"不要兑水""多加一些冰块"等。 （3）当宾客对饮用什么酒拿不定主意时，可热情、礼貌地推荐
上酒服务	（1）上酒服务时，身体不能背向宾客，需转身拿取背后的酒瓶时，只可侧身，不得转体。 （2）在宾客面前调制饮料时要举止雅观、态度认真，所用器皿要洁净。 （3）在宾客面前放酒杯时，应由低向高慢慢地送到客人面前。 （4）对背向坐的客人，上酒时要招呼一声，以免饮料被不慎碰及而打翻。 （5）当宾客需用整瓶酒时，斟酒前应让客人看清酒瓶上的标牌，经核实认可后，当面打开瓶塞，使宾客放心饮用。 （6）为团体宾客服务时，一般斟酒的次序为先宾后主、先女后男、先老后少
服务中	（1）在服务中，如需与宾客交谈，要注意适当、适量，不能喧宾夺主，也不能乱发议论，更不能影响本职工作、忽视服务其他宾客。 （2）与宾客交谈的话题要有所选择，在宾客说话时要耐心倾听，不与宾客争辩，也不要不懂装懂。 （3）宾客之间谈话时不能侧耳细听，在宾客低声交谈时应主动回避
接听电话	（1）接听电话时语调要温和，态度要耐心，要礼貌地复述一下被找人的姓名，如"您找×××先生吗？请您稍等"。 （2）呼唤宾客来接听电话时，不要在远处高声呼叫，以免惊扰其他宾客，可根据来电人提供的特征有目的地寻找，到宾客面前告知，并留心照看好接电话宾客留在座位上的物品

续表

项目	概述
结账	（1）宾客示意结账时，要用账单夹递上账单，请客人查核款项有无出入。 （2）在收找现金时，应尽量保证有除醉酒客人以外的其他人在场，避免发生纠纷或误会。 （3）要理解宾客的自尊心理，不要大声报账。 （4）宾客无意离去时，不可催促宾客提前结账付款
送客	宾客离去时，要热情地送别，表示欢迎他们再次光临

3. 语言能力要求

邮轮酒吧工作人员语言能力要求详见表5-9。

表5-9 邮轮酒吧工作人员语言能力要求

项目	概述
礼貌服务用语	邮轮酒吧工作人员在服务时要有"五声"：宾客到来时有问候声，遇到宾客时有招呼声，得到协助时有致谢声，麻烦宾客时有致歉声，宾客离店时有道别声
英语基础口语	（1）酒吧产品基本都是洋酒，邮轮酒吧工作人员必须能够看懂酒标，选酒时才不会出差错。 （2）邮轮酒吧工作人员经常会遇到客人爆满的情况，如果对英文酒标不熟悉，需要时间寻找，就会影响服务效率。 （3）邮轮酒吧客人大部分是外宾，英语基础口语是服务的需要

4. 沟通能力要求

沟通能力是酒吧工作人员应该具备并需要不断提升的关键能力，邮轮酒吧工作人员沟通能力要求详见表5-10。

表5-10 邮轮酒吧工作人员沟通能力要求

项目	概述
沟通的艺术	（1）邮轮酒吧工作人员在工作中要有一颗诚挚的心。 （2）在沟通中要多使用柔和的手势，代表友好和商量；多微笑，代表友善、礼貌；要多点头或平视，不要趾高气扬；不双臂环抱。 （3）沟通中要懂得倾听，邮轮酒吧工作人员要让宾客成为谈话和交流的主角，而自己要做一名好的听众

（二）邮轮酒吧工作人员的职业道德要求

邮轮酒吧工作人员不仅要有高超的技术，更要有良好的职业道德。提高酒吧工作人员的道德素质在邮轮酒吧整体工作中是至关重要的。邮轮酒吧工作人员职业道德要求详见表5-11。

表5-11 邮轮酒吧工作人员的职业道德要求

项目	概述
爱岗敬业 诚实守信	热爱邮轮酒吧工作，遵守酒吧规章制度和劳动纪律，遵守员工守则，维护酒吧的对外形象和声誉，做到不说有损于酒吧利益的话，不做有损于酒吧利益的事情
热情友好 宾客至上	树立"宾客至上"的酒吧服务观念，做到主动、热情、耐心、周到，使客人在酒吧有宾至如归的感觉
安全卫生 出品优良	（1）安全卫生是提供酒吧服务的基本要求，必须本着对顾客高度负责的态度，认真做好安全防范工作，杜绝酒水食品卫生隐患，保证顾客的人身安全。 （2）良好的酒水出品质量是为顾客提供优质服务的前提和基础，也是邮轮酒吧服务人员职业道德的基本诉求
培智精技 学而不厌	努力提高酒吧服务技巧和技术水平，并把所学到的酒水知识和调酒技能运用于工作实践中，不断提升操作技能，提高酒水服务质量

续表

项目	概述
遵纪守法 廉洁奉公	遵纪守法,不弄虚作假,是邮轮酒吧服务工作能够正常进行的基本保证,调酒时严格执行标准酒谱,不能随意变动标准,不能以次充好,变相损害顾客利益,要做到质价统一
平等待客 一视同仁	邮轮酒吧人员必须对顾客以礼相待,绝不能因为社会地位的高低和经济收入的差异而使客人受到不平等的对待,要坚决摒弃"衣帽取人,看客下菜"的陈规陋习

(三)邮轮酒吧工作人员的专业素养

邮轮酒吧工作人员的专业素养是指专业意识、专业知识和专业技能,详见表5-12。

表5-12 邮轮酒吧工作人员的专业素养

类别	项目	概述
专业意识	角色意识	(1)邮轮酒吧工作人员所担任的角色是使顾客在物质和精神上得到满足的服务角色。 (2)邮轮酒吧工作人员一定要以客人的感受、心情、需求为出发点来向客人提供服务和产品
	宾客意识	(1)邮轮酒吧工作人员必须意识到宾客是酒吧的财源,有了顾客,才会有酒吧的生存和稳定的收益,才会有调酒师自身的稳定工作和经济收入。 (2)增强邮轮酒吧工作人员的宾客意识,就必须提高调酒师的荣誉感和责任感
	服务意识	(1)邮轮酒吧工作人员必须认识到服务的重要性,从而增强自身的服务意识。 (2)服务意识应体现在:及时到位地解决客人遇到的问题;发生情况时,按规范化的服务程序解决;遇到特殊情况,提供专门服务、超常服务,以满足客人的特殊需要
专业知识	酒水知识	掌握各种酒的产地、特点、制作工艺、名品及饮用方法,并能鉴别酒的质量、年份等
	鸡尾酒知识	掌握鸡尾酒调制原理、调制要求、调制技法
	原料储藏	了解原料的特性以及酒吧原料的领用、保管使用、贮藏知识
	酒吧设备	熟记邮轮酒吧设备中英文名称,掌握设备的使用要求、操作规范和保养方法
	调酒用具	熟记邮轮调酒用具的中英文名称,掌握调酒用具使用方法、保管知识
	酒吧杯具	掌握酒吧杯具的种类、形状、特点、使用要求及保管知识
	营养卫生	了解饮料营养结构,懂得酒水和食物的搭配原理以及饮料操作的卫生要求
	酒单知识	掌握酒单的结构,所用酒水的品种、类别以及酒单上酒水的调制方法和服务标准
	酒谱知识	熟记酒谱上每种原料的用量标准、配制方法、用杯及调配程序
	成本核算	掌握酒水的定价原则和方法
	习俗知识	掌握主要客源国客人的饮食习俗、宗教信仰和习惯
	英语知识	熟记邮轮酒吧酒水饮料的英文名称,能用英文清楚地介绍酒水饮料的特性,清楚地讲解酒水饮料的故事,服务过程中使用酒吧术语
	安全知识	掌握安全操作规程,注意灭火器的使用范围及要领,掌握安全自救的方法
专业技能	设备、用具操作技能	正确地使用设备和用具,掌握操作程序,不仅可以延长设备、用具的使用寿命,也是提高服务效率的保证
	酒具清洗	掌握酒具冲洗、清洗、消毒的方法
	装饰物制作	认识调酒常用的装饰物原料、制作调酒基础装饰物
	调酒技能	掌握邮轮酒吧服务的四种基本调酒技法,能熟练调制邮轮酒吧常用的鸡尾酒
	花式动作	掌握花式基本动作技法
	沟通技巧	提高自己的口头和书面表达能力,善于与宾客沟通,提供个性服务
	计算能力	有较强的经营意识和数字处理能力,尤其是对价格、成本毛利和盈亏的分析计算,反应要快
	问题解决	对酒吧紧急事件及宾客投诉有从容不迫的处理能力

邮轮酒吧工作人员娴熟的操作技能是快速服务的前提，专业技能的提高需要通过专业训练和自我锻炼来完成。邮轮酒吧工作人员只有具备全面的专业素质，才能胜任自己的工作并创造佳绩。

任务准备

以4人为一个小组，采用吧员、酒吧服务员、调酒师和酒吧主管角色扮演的方式，分工协作，营造真实工作情境，根据邮轮酒吧工作人员的岗位职责和职业素养要求，以酒吧主管的身份轮流对酒吧员工进行培训和考核。

任务实施

一、根据邮轮酒吧工作人员的岗位职责和职业素养要求制定工作检查表

二、对照检查表，依据发现的问题拟定有针对性的酒吧员工实用培训计划

（一）客人提出的问题，自己不清楚，不知如何回答时怎么办？

（1）一名优秀的酒吧员工，除了有良好的服务态度、高超的服务技巧、丰富的业务知识以外，还要熟悉邮轮的经营理念、概况、娱乐活动和航程安排。这样可以避免出现客人提出问题时自己不清楚、难以回答的现象。

（2）对于客人提出的问题，要耐心倾听，详细回答。遇到自己不懂或不清楚的，要请客人稍等，向同事请教或查询邮轮每日指南后再回答。

（3）如客人提出的问题经努力咨询后仍无法解答，也应给客人一个回复，耐心解释，表示歉意。

（4）对于客人提出的问题，不能使用"我不知道""我不懂"等答复客人。

（二）客人有伤心或不幸的事，心情不好时怎么办？

（1）要使用敬语安慰客人，但不要喋喋不休。

（2）细心观察和掌握客人的心理动态，做好服务工作。

（3）尽量满足客人的合理要求，客人有事请求时要尽快为他办妥。

（4）对客人的不幸或伤心事，要持同情的态度，切忌聚在一起议论、讥笑客人或大声谈笑打闹。

（三）在服务工作中出现小差错时怎么办？

（1）首先向客人表示歉意，及时采取补救措施。

（2）事后要仔细查找原因，如实向上级汇报。

（3）吸收经验教训，避免类似的差错再次发生。

（4）出现差错，不能隐瞒。自己不能解决时，要立即请示上级，以免酿成大的事故。

（5）工作中要认真负责、精益求精，尽最大的努力将工作做得尽善尽美，避免或少出差错。

（四）客人不小心在邮轮摔倒时怎么办？

（1）主动上前扶起，安排客人就近休息，细心询问客人是否摔伤或碰伤，是否需要请医生。

（2）如果是轻伤，尽可能用酒吧的医药箱处理。

（3）事后查找摔倒的原因，及时采取措施，如果是地板或地面打滑的问题，就通知维修人员马上修理，防止类似事故发生。

（4）向酒水部经理汇报，事后做好情况登记，以备查询。

三、制作PPT，运用角色扮演、情景模拟教学方法对组员进行培训

邮轮酒吧员工通过实用培训，能快速适应工作、提高工作质量和效率、减少浪费现象和事故发生。

四、培训完成后，用邮轮酒吧员工考核表进行评价

任务评价主要从仪容仪表、制定工作检查表、组织培训、学习态度和综合印象几个方面进行评价，详见表 5-13。

表5-13 "酒吧管理晋级——成为一名酒吧主管"任务评价表

项目	M 测量 J 评判	标准名称或描述	总分/分	评分示例	得分 ___组	___组	___组
仪容仪表	M	制服干净整洁，熨烫挺括，合身，符合行业标准	1	Y/N			
	M	鞋子干净且符合行业标准	1	Y/N			
	M	男士修面，胡须修理整齐；女士淡妆，身体部位没有可见标记	1	Y/N			
	M	发型符合职业要求	1	Y/N			
	M	不佩戴过于醒目的饰物	0.5	Y/N			
	M	指甲干净整洁，不涂有色指甲油	0.5	Y/N			
	J	所有工作中站姿、走姿一般，在完成有挑战性的工作任务时仪态较差，1分； 所有工作任务中站姿、走姿良好，表现专业，但是仍有瑕疵，3分； 所有的工作中站姿、走姿优美，表现非常专业，5分	5	1 3 5			
制定工作检查表	J	使用电脑不熟练，3.5 分； 使用电脑熟练程度一般，7 分； 使用电脑熟练，10 分	10	3.5 7 10			
	J	表格制作缺乏思路，有的内容缺失和重复，4分； 表格制作完整，内容不够丰富，8分； 表格制作精美，内容能表达邮轮酒吧人员的岗位职责和职业素养要求，12分	12	4 8 12			

续表

项目	M 测量 / J 评判	标准名称或描述	总分/分	评分示例	得分 ___组	___组	___组
组织培训	J	培训PPT制作缺乏思路，内容有重复，词不达意，领班能基本完成培训工作，4分； 培训PPT制作完整，内容不够丰富，领班能顺利完成培训工作，8分； 培训PPT制作精美，内容翔实，图文兼备，领班精神面貌好，思路清晰有条理，12分	12	4 8 12			
	J	准备不充分，培训目标不明确，内容空洞，培训讲授正确，不熟练，没有重点，4分； 准备充分，培训目标明确，内容一般，培训讲授正确，熟练程度一般，没有重点，8分； 准备充分，培训目标明确，内容充实，培训讲授正确熟练，重点突出，12分	12	4 8 12			
	J	不能将理论联系工作实际，培训方式单一，不能激发组员学习兴趣，4分； 能将理论联系工作实际，培训方式单一，组员学习兴趣一般，8分； 能将理论联系实际，培训方式灵活多样，能激发组员学习兴趣，12分	12	4 8 12			
	J	培训效果不好，组员收获不大，能力和素质都没有提高，4分； 培训效果一般，组员收获一般，能力稍有增强，素质稍有提高，8分； 培训效果好，组员收获大，能力得到增强，素质得到提高，12分	12	4 8 12			
学习态度	J	学习态度有待加强，被动学习，延时完成学习任务，5分； 学习态度较好，按时完成学习任务，10分； 学习态度认真方法多样，积极主动，15分	15	5 10 15			
综合印象	J	在所有任务中状态一般，当发现任务具有挑战性时表现为不良状态，1分； 在执行所有任务时保持良好的状态，看起来很专业，但稍显不足，3分； 在执行任务中，始终保持出色的状态标准，整体表现非常专业，5分	5	1 3 5			
选手用时							

裁判签字：　　　　　　　　　　　　　　　　　　　　　　年　月　日

 任务拓展

一、邮轮酒吧排班原则

（1）邮轮酒吧排班由酒吧主管根据酒吧人员数量进行合理规划，保证员工休息、工作都公平、公正。

（2）每2个航程，酒吧员工可根据自己的情况提前向酒吧主管提报工作酒吧申请，酒吧主管进行酌情考虑后，征询酒水部经理、副经理和领班意见，做好人员班次、酒吧整体调控，保证日常工作的正常开展。

（3）每天需保证2名管理人员同时在岗，以便处理紧急情况。

（4）按照各酒吧人员的配置，每个酒吧同时轮休人数不能超过2人，每天必须保证每个岗位有1人在岗，并能做好工作衔接和交接事宜。

二、邮轮酒吧排班注意事项

（1）当值酒吧人员必须严格按照排班表进行接班上岗，不能随便倒班、调岗或空岗，若遇特殊情况须及时报备给在岗管理人员，及时进行岗位调整。

（2）酒吧领班不定期按照排班表对人员上岗情况进行抽查，对于没有按照排班表上岗并没有提前报备的员工根据情节严重程度给予相应的批评和处罚。

思考题

一、单项选择题

1. 酒吧主管主要负责邮轮酒吧（　　　）。
   A. 现场管理　　　B. 人员管理　　　C. 酒水管理　　　D. 安全和卫生管理
2. 邮轮酒吧服务人员职业道德要求包括（　　　）。
   A. "五讲四美"　　　　　　　　　B. 爱店如家、礼貌待人
   C. 热情友好、宾客至上　　　　　D. 忠于职守、知法懂法
3. （　　　）是调酒师给人的第一印象。
   A. 文化水平　　　B. 仪容仪表　　　C. 专业技术　　　D. 职业道德

二、多项选择题

1. 邮轮酒吧服务人员基本职业素养包括（　　　）。
   A. 仪容仪表　　　B. 礼貌礼节　　　C. 语言能力　　　D. 沟通能力
2. 邮轮酒吧服务人员专业知识包括（　　　）。
   A. 酒水知识　　　B. 营养卫生知识　　　C. 设备使用维护知识　　　D. 花式动作

三、简答题

1. 简述邮轮酒吧服务人员的职业道德要求。
2. 在服务工作中出现小差错时怎么办？

任务3　酒吧管理再晋级——成为一名酒水部副经理

学习目标

1. 掌握邮轮酒吧安全、卫生管理技巧和方法。
2. 了解邮轮酒吧安全、卫生管理的标准和流程。
3. 掌握干粉灭火器使用技巧、正确的洗手程序和邮轮酒吧垃圾分类方法。
4. 熟悉邮轮酒吧防范和应对火灾、处理客人醉酒等安全事故的方法和措施。

> **任务导入**
>
> 酒水部副经理是邮轮酒吧部第二责任人,主要职责是酒吧安全和卫生管理,有效地培训调酒师、侍酒师和酒吧服务员,安全卫生合法地为客人服务,提高客人满意度,协助酒水部经理保证各酒吧正常运营,最大化提高销售业绩,有效降低酒吧的成本。酒水部副经理的直属上级是酒水部经理,下级是酒吧主管。

知识学习

一、邮轮酒吧安全管理

国际邮轮根据国际劳工组织《海上和港口船舶事故预防实务守则》的规定成立安全委员会,船长是安全委员会第一责任人,直接接受政府安全部门的指导,首席安全执行官执行船长的指示,全面落实安全管理制度。所有酒吧员工上岗前须接受岗前安全教育,并经安全委员会考核鉴定合格后领取安全操作合格证,方可独立上岗作业。

(一)防范火灾

减少火灾发生概率,预防火灾是关键,邮轮酒吧防范火灾具体措施如下:

(1)开关及插座安装覆盖壳。
(2)随时留意酒吧吸烟区是否有掉落在地毯上的烟头。
(3)电线和电缆配线老旧、外部绝缘体破裂或插座损坏时,应及时更换或修理。
(4)发现电线老化、过载冒烟时,应迅速切断电源,切勿用水泼洒,以防漏电伤人。
(5)酒水、打火机应远离电源插座。
(6)加强消防安全培训,增强酒吧员工消防安全意识,训练员工正确使用灭火器。
(7)每日酒吧营业结束后,关闭照明灯、咖啡机、热水器、电动搅拌机、洗杯机电源。

(二)火灾中酒吧员工的应变措施

邮轮酒吧一旦起火,不要惊慌失措,如果火势不大,应迅速利用准备的简易灭火器材,采取有效措施灭火。若火势较大应迅速采取应变措施,如表5-14所示。

表5-14 火灾中酒吧员工的应变措施

步骤	项目	操作要领
第一步	关闭防火门	一旦看见有烟或者火星冒出时,首先就近找到防火门的位置,按下防火门的按钮,隔离着火区,防止火势的蔓延
第二步	呼叫驾驶台	立即通知驾驶台并拉响消防警铃,告知自己的姓名、职位、具体位置,等待消防员的到来并汇报具体情况

续表

步骤	项目	操作要领
第三步	指导疏散	酒吧工作人员立即指导乘客离开火灾地点,向甲板疏散;同时,另外的酒吧工作人员要检查厕所、酒吧其他地方是否还有人员滞留。 疏散时不可使用电梯;应优先疏散离火最近的顾客,并优先疏散小孩、老人和女士;疏散时做到井然有序,避免造成混乱局面;指导疏散时必须大声指示,以免乘客慌乱时听不到指令;如遇浓烟迫近,指导乘客用湿手帕、湿毛巾将口鼻掩住,趴下沿着墙边消防指示灯朝安全地带移动,以免吸入过多的浓烟导致昏迷;疏散到安全地带后,要阻止顾客返回取物
第四步	检查搜救	指派酒吧工作人员驻守着火区域,再次检查是否有乘客返回或误入着火区

(三)使用干粉灭火器

所有火灾的产生都需要有燃料、氧气和火源,燃料的性质决定了火灾的类型,如果发生邮轮酒吧火灾,根据《火灾分类》国家标准判定为固体物质和带电火灾,可使用干粉灭火器扑灭。干粉灭火器的使用方法,见表5-15。

表5-15 干粉灭火器的使用方法

步骤	项目	操作要领	图示
第一步	提	提起灭火器之后上下颠倒摇晃使干粉松动	
第二步	拔	拔掉保险销	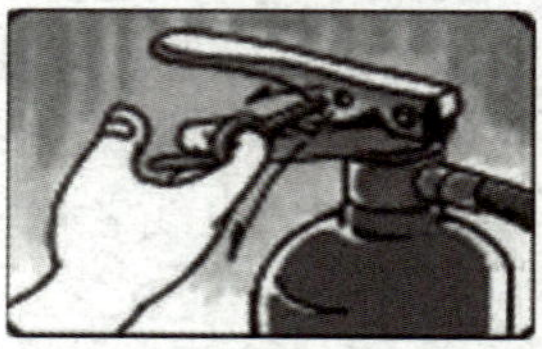
第三步	对	对准火焰根部	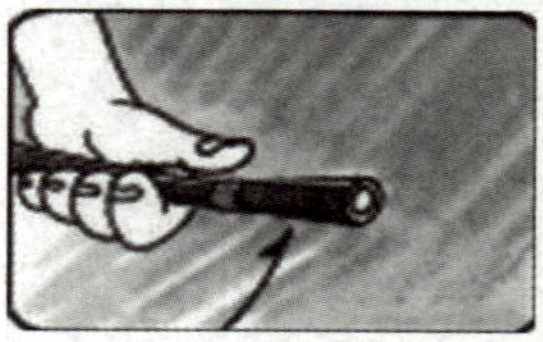
第四步	喷	往下按压阀,对准火焰喷射	

(四)酒水安全服务管理

安全酒水服务是一个由美国国家餐馆协会管理的食品和饮料安全培训和认证计划。该项目获得了美国国家标准协会和食品保护会议的认证,旨在保证食品、饮料制备过程中的安全和卫生。国际邮轮酒水服务人员上岗前须接受岗前培训,并经美国国家餐馆协会考核鉴定合格后领取安全酒水服务合格证方可上岗服务。

1. 观察客人是否有醉酒迹象：醉酒后人的身体和行为迹象见表5-16。

表5-16　醉酒后人的身体和行为迹象

序号	迹象	描述
1	缺乏自制力	客人在公共场合缺乏自制力，变得不仅话多，而且声音特别大，过于友好、太随意或爱争论
2	判断力降低	客人判断力降低，可能会抱怨饮料没有酒精，开始更快地饮酒，做出不合理或有争议的举动，或者对金钱变得漫不经心
3	反应迟钝	客人可能说话或移动缓慢，眼神呆滞或注意力不集中，忘记事情，或失去思路
4	歪歪倒倒	蹒跚、绊倒、摔倒，碰撞物体，坐着或站着时身体摆动

2. 如何防止客人喝醉：作为邮轮酒吧服务人员，必须尽一切可能确保客人不会喝醉。这有时可能是一项困难的任务，但可以做一些简单的事情防止客人喝醉，见表5-17。

表5-17　防止客人喝醉的方法

序号	方法	描述
1	提供食物	（1）提供高脂肪或蛋白质的食物（比萨、鸡翅、奶酪、油炸食品等）。 （2）避免提供含盐食物（如花生、椒盐卷饼、薯片），否则会导致客人口渴，他们会喝更多的酒
2	提供水	饮酒会导致脱水，使客人口渴
3	倒酒精准	混合饮料时避免过度倒酒
4	控制服务	避免一次为一位客人提供多杯酒

二、邮轮酒吧卫生管理

邮轮服务人员和客人工作和生活在一个封闭的环境中，如果没有严格的卫生要求，疾病可能传播得很快。

（一）邮轮酒吧基本卫生规则

（1）切割水果装饰物时，穿戴干净的制服、手套和帽子。

（2）切水果或酒水服务时，不要戴手表、吊坠耳环、手镯等过于醒目的饰物。

（3）用温水和洗手液洗手至少20秒。

（4）拿取切好的水果或装饰物时，戴手套或使用食物钳。

（5）从制冰机取冰必须佩戴干净的一次性手套，并使用冰铲，取冰完毕后，将冰铲、冰桶悬挂在制冰机外，见图5-6。切记冰铲一定要悬挂，否则冰块制满后，冰铲会被压在制冰机底部而无法取出，这时就需要用另一只冰铲把冰块掏出后再取出。

（6）对工作区域进行消毒，随手清洁工作区域。

（7）经常检查冰箱的温度，检查平台冷柜和立式冰柜温度，确保不高于5℃。

（8）禁止在酒吧后吧进食、喝酒和吸烟。

（9）正确处理工作中的割伤或烧伤，并在上班时使用防护用品。

（10）确保酒吧内地板、冰箱、水桶等容器都没有积水。

图5-6 冰铲、冰桶悬挂在制冰机外

（二）邮轮酒吧洗手管理措施

酒吧服务人员要在以下时间洗手：
（1）报到或休息返岗后。
（2）处理脏酒杯后。
（3）每次吸烟后。
（4）使用厕所后。
（5）咳嗽或打喷嚏后。
（6）处理脏烟灰缸后。
（7）处理垃圾后。

邮轮酒吧的洗手程序，见图 5-7。

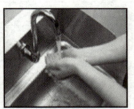
1.用温水湿润双手

2.取洗手液

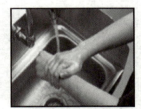
3.双手摩擦至少20秒

4.清洁指甲下方和手指之间

5.在流水下彻底冲洗双手

6.用纸巾擦干双手

图5-7 邮轮酒吧的洗手程序

（三）邮轮酒吧垃圾分类管理

邮轮酒吧垃圾分类，详见表 5-18。

表5-18 邮轮酒吧垃圾分类

蓝色桶装金属垃圾，金属垃圾包括金属酒罐、金属废弃用具等	灰色桶装玻璃垃圾，玻璃垃圾包括酒瓶、酒杯等	红色桶装可燃垃圾，可燃垃圾包括酒吧餐巾纸、鸡尾酒签和塑料制品等	黄色桶装食品垃圾，食品垃圾包括装饰物水果、樱桃和小食等

任务准备

以4人为一个小组,采用吧员、酒吧服务员、调酒师和酒水部副经理角色扮演的方式,分工协作,营造真实工作情境,以酒水部副经理的身份轮流进行酒吧安全和卫生管理训练。

任务实施

(1) 根据邮轮酒吧安全和卫生管理标准制定工作检查表。
(2) 对照检查表,依据发现的问题拟定有针对性的酒吧安全和卫生培训计划。
(3) 制作PPT,运用角色扮演、情景模拟方法对组员进行培训,提高管理能力。
(4) 拟定酒吧火灾事故应急演练方案。
(5) 组织组员进行火灾事故应急演练。

任务评价

任务评价主要从仪容仪表、制定工作检查表、拟定培训计划和酒吧火灾事故应急演练方案、组织培训和火灾应急演练、学习态度几个方面进行评价,详见表5-19。

表5-19 "酒吧管理再晋级——成为一名酒水部副经理"任务评价表

项目	M 测量 / J 评判	标准名称或描述	总分/分	评分示例	得分 ___组	得分 ___组	得分 ___组
仪容仪表	M	制服干净整洁,熨烫挺括,合身,符合行业标准	1	Y/N			
	M	鞋子干净且符合行业标准	1	Y/N			
	M	男士修面,胡须修理整齐;女士淡妆,身体部位没有可见标记	1	Y/N			
	M	发型符合职业要求	1	Y/N			
	M	不佩戴过于醒目的饰物	0.5	Y/N			
	M	指甲干净整洁,不涂有色指甲油	0.5	Y/N			
	J	所有工作中站姿、走姿一般,在完成有挑战性的工作任务时仪态较差,1分; 所有工作任务中站姿、走姿良好,表现专业,但是仍有瑕疵,2分; 所有的工作中站姿、走姿优美,表现非常专业,3分	3	1 2 3			
制定工作检查表	J	使用电脑不熟练,2.5分; 使用电脑熟练程度一般,5分; 使用电脑熟练,7分	7	2.5 5 7			
	J	表格制作缺乏思路,有的内容缺失和重复,2.5分; 表格制作完整,内容不够丰富,5分; 表格制作精美,内容能表达酒吧安全和卫生管理标准,7分	7	2.5 5 7			

续表

项目	M 测量 J 评判	标准名称或描述	总分 /分	评分 示例	得分		
					___组	___组	___组
拟定培训计划	J	问题判断错误，解决方法错误，2.5 分； 问题判断正确，解决方法错误，5 分； 问题判断正确，解决方法正确，7 分	7	2.5 5 7			
	J	酒水调制与服务过程中发现问题表述不完整，2.5 分； 酒水调制与服务过程中发现问题表述较完整，5 分； 酒水调制与服务过程中发现问题表述完整，7 分	7	2.5 5 7			
	J	培训计划内容不足，不能解决检查中发现的问题，2.5 分； 培训计划内容单一，基本能解决检查中发现的问题，5 分； 培训计划内容丰富，整理有序，合理，能较好解决检查中发现的问题，7 分	7	2.5 5 7			
拟定酒吧火灾事故应急演练方案	J	目的和职责分工不明确，情景设计不合理，演习程序不清晰，2.5 分； 目的和职责分工不够明确，情景设计合理性一般，演习程序清晰度一般，5 分； 目的和职责分工明确，情景设计合理，演习程序清晰，7 分	7	2.5 5 7			
组织培训	J	培训 PPT 制作缺乏思路，内容有重复，词不达意，领班能基本完成培训工作，2.5 分； 培训 PPT 制作完整，内容不够丰富，领班能顺利完成培训工作，5 分； 培训 PPT 制作精美，内容翔实，图文兼备，领班精神面貌好，思路清晰有条理，7 分	7	2.5 5 7			
	J	准备不充分，培训目标不明确，内容空洞，培训讲授正确，不熟练，没有重点，2.5 分； 准备充分，培训目标明确，内容一般，培训讲授正确，熟练程度一般，没有重点，5 分； 准备充分，培训目标明确，内容充实，培训讲授正确熟练，重点突出，7 分	7	2.5 5 7			
	J	不能将理论联系工作实际，培训方式单一，不能激发组员学习兴趣，2.5 分； 能将理论联系工作实际，培训方式单一，组员学习兴趣一般，5 分； 能将理论联系实际，培训方式灵活多样，能激发组员学习兴趣，7 分	7	2.5 5 7			
	J	培训效果不好，组员收获不大，能力和素质都没有提高，2.5 分； 培训效果一般，组员收获一般，能力稍有增强，素质稍有提高，5 分； 培训效果好，组员收获大，能力得到增强，素质得到提高，7 分	7	2.5 5 7			

续表

项目	M 测量/J 评判	标准名称或描述	总分/分	评分示例	得分 ___组	___组	___组
组织应急演练	J	演练准备不充分，应急响应慢，缺乏统一指挥，演练程序生疏，演练过程混乱，但灭火器使用规范、着装整齐、工具齐全，2.5 分； 演练准备比较充分，应急响应速度一般，统一指挥缺乏合理性，演练程序尚可，演练过程混乱，但灭火器使用规范、着装整齐、工具齐全，5 分； 演练准备充分，应急响应及时，统一指挥合理，灭火器使用规范、着装整齐、工具齐全，演练程序熟练，演练过程中无混乱现象，7 分	7	2.5 5 7			
学习态度	J	学习态度有待加强，被动学习，延时完成学习任务，5 分； 学习态度较好，按时完成学习任务，10 分； 学习态度认真，方法多样，积极主动，15 分	15	5 10 15			
选手用时							

裁判签字：　　　　　　　　　　　　　　　　　　　　　　　　年　月　日

任务拓展

掌握应对醉酒客人的方法

如果客人表现出醉酒的迹象，或通过计算提供的饮料数量评估客人可能喝醉，酒吧服务人员要立即停止为客人服务，并采取以下方法安抚客人：

（1）更换酒水服务人员。

（2）争取其他客人的帮助（请客人的同伴帮忙）。

（3）告诉客人自己要停止服务，始终面带微笑和客人保持沟通，防止冲突。

（4）诚心向客人解释："我们邮轮公司的政策不允许我为您提供过多酒精饮料。""今晚我不能再为您提供更多的酒精饮料。""我再为您提供酒精饮料是违规的。"

（5）真诚关心客人，告诉自己担心他或她的安全。比如说："我只是想确保您邮轮旅行时一切顺利。""明天见，我们希望您再来。"

（6）向客人表示自己了解他或她现在的感受。保持眼神交流，适当地点头和摇头表示回应。

（7）要坚定。客人往往会劝服务人员改变主意，或者给服务人员小费，要求"再喝一杯"。一旦服务人员做了停止服务的决定，就要坚持下去。保持耐心，诚心反复向客人解释。

思考题

一、单项选择题

1. 酒水部副经理主要负责邮轮酒吧的（　　）。
A. 现场管理　　　　B. 人员管理　　　　C. 酒水管理　　　　D. 安全和卫生管理

2. 邮轮游客购买酒精饮料的最低年龄是（　　）岁。

A.21　　　　　　B.18　　　　　　C.19　　　　　　D.20

3. 邮轮酒吧卫生管理要求垃圾分类，玻璃酒瓶应该放在（　　）垃圾桶。

A.Blue　　　　　B.Gray　　　　　C.Red　　　　　D.Yellow

4. 酒吧员工上岗前须接受岗前安全和卫生教育，经考核鉴定合格后领取（　　）合格证，方可上岗作业。

　　A. 安全操作、健康证　　　　　　　B. 救生员、安全酒水服务
　　C. 安全操作、安全酒水服务　　　　D. 安全酒水服务、健康证

5. 冷藏酒水饮料的正确储存温度是（　　）。

　　A. 不高于 10℃　　　　　　　　　　B. 不高于 7.2℃
　　C. 不高于 5℃　　　　　　　　　　 D. 不高于 2.2℃

二、多项选择题

1. 以下哪些情况下，邮轮酒水服务人员可能面临刑事指控。（　　）

A. 为怀孕的客人提供酒水服务
B. 向未成年人提供酒精饮料
C. 继续服务喝醉或看起来喝醉的客人
D. 向邮轮驾驶员提供酒精饮料

2. 邮轮酒吧卫生管理要求每一位酒吧员工，在（　　）时间后必须洗手。

　　A. 处理脏酒杯后　　　　　　　　　B. 使用厕所后
　　C. 咳嗽或打喷嚏后　　　　　　　　D. 回到宿舍后

三、简答题

1. 简述邮轮火灾中酒吧员工的应变措施。
2. 简述应对醉酒客人的方法。

任务4　我的梦想在这里——我要成为酒水部经理

学习目标

1. 知道邮轮酒吧酒水管理工作内容。
2. 理解酒水生产标准化管理的意义。
3. 熟悉酒水采购、验收、储存管理流程标准。
4. 掌握酒水销售管理的计算方法。

任务导入

　　酒水部经理是邮轮酒吧部的负责人，主要职责是酒吧酒水管理，尽可能降低酒吧的运营成本，最大化地提高销售业绩，提高客人、员工和公司的满意度，保证整个酒水部的正常运转，一般负责白天的日常运营管理。酒水部经理的直属上级是餐饮部经理，下级是酒吧副经理。

知识学习

酒水部经理应制定酒吧酒水采购、验收、储存、生产和销售的控制标准及程序，尽可能降低酒吧的运营成本。

一、酒水的采购管理

（一）制定酒水采购流程

酒水采购流程，见图5-8，酒吧调酒师根据盘点表和标准存货量填写酒水领料单，酒水部经理统计各酒吧酒水领料单，结合航程酒吧活动安排，开酒水请购单，通常一式两联，经餐饮总监和邮轮酒店总监签署审批后，一联交采购部，一联留存。采购部记录订货情况，开出订货单，通常一式四联，一联送供应商，一联送酒吧仓管人员证明已经订货，一联送会计以便核对，一联由采购部留存。酒吧应保存进货的书面记录，以备在订货品牌、数量、报价、交货日期等方面出现问题时提供依据，防止和减少差错。

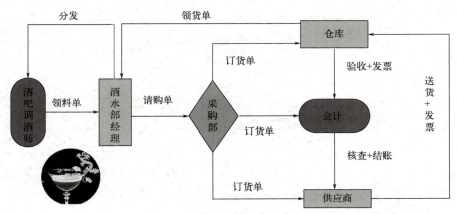

图5-8　酒水采购流程

（二）确定酒水采购数量

酒水部经理根据勤进快销的原则，统计各酒吧酒水领料单，综合考虑经济批量、采购周期、资金周转、储存条件等因素，根据航次盘存表最低、标准、最高库存量确定采购数量，见表5-20（以海洋小夜曲号为例）。最低库存量又称订货点，等于"每日酒水用量×发货天数"，酒吧盘点数接近或达到最低库存量时，表示需要采购酒水；标准库存量是酒吧最理想的酒水储存量，一般为酒吧每个航程正常使用量的150%；最高库存量是现有存货量可增加的最大限度，等于"每日酒水用量×（采购周期+15天）"，邮轮酒吧最高库存量一般不超过15天的用量，最低库存量不低于1天的用量。

当酒水的盘点数小于1瓶或1箱时，采购数量为标准库存量，当酒水现有存货量大于1瓶或1箱时，采购的数量一般为标准库存量减去现有存货量的整数部分，比如杰克丹尼黑牌波本威士忌标准库存量是3，盘点数是2.2，采购数量为3-2=1。那么啤酒或软饮如何计算呢？科罗娜标准库存量120，盘点数28，科罗娜啤酒每箱 24 瓶，120 瓶为 5 箱，28 瓶为 1 箱 +4 瓶，所以采购数量为 5-1=4，再换算成瓶 4×24=96。

表5-20 邮轮酒吧航次盘存表

海洋小夜曲号

日期： 航次：
调酒师： 审计：

产品名称	库存			盘点	申请
	最低	标准	最高		
比格士波本威士忌 750 毫升	0.4	1	2	0.5	1
巴素·海顿波本威士忌 750 毫升	0.2	1	2	0.2	1
布克斯小批量波本威士忌 750 毫升	0.3	1	2	0.3	1
杰克丹尼黑牌波本威士忌 1 升	1	3	4	2.2	1
占边波本威士忌 1 升	0.7	2	3	0.8	2
诺布溪波本威士忌 750 毫升	1	2	3	1	1
美格波本威士忌 1 升	1	2	3	1.1	1
绅士杰克丹尼波本威士忌 1 升	0.4	1	2	0.5	1
通用品牌波本威士忌 750 毫升	1	3	4	1.3	2
拿破仑 VS 干邑 1 升	0.5	1	2	0.6	1
科罗娜	24	120	168	28	96
喜力	12	96	144	13	96
百威	24	120	192	36	96
红带	6	24	48	8	24

（三）建立酒水采购质量标准

酒水部经理依据邮轮酒吧消费者群体的特点，建立酒水采购质量标准，以便对饮品质量进行控制，提高调酒师工作效率，减少浪费。

（四）选择供应商

在酒水供应商的选择上，应综合考虑供应商的地理位置、财务稳定性、信用状况、业务人员技术能力、交货周期、价格合理程度等因素，择优选定。

二、酒水的验收管理

酒水验收程序如图 5-9 所示。

（1）仔细核对到货酒水数量、种类、单价和总价是否与订单、送货单上一致。

（2）对照酒水采购质量标准检验酒水质量。验收员应从酒水酒精含量、颜色、规格、产地、有无沉淀、有无破瓶、有无瓶盖松动等方面验收酒水。

（3）以箱为计量单位进货，验收员应开箱检查瓶数是否正确、酒水内外包装有无破损等。

（4）酒水验收完毕后，验收员应在送货单上签字确认，酒水管理员办理入库。

项目五　我已爱上邮轮生活——转型为邮轮酒吧管理人员

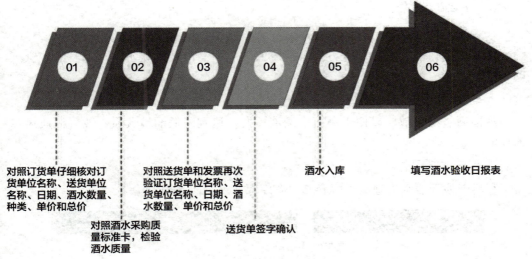

图5-9　酒水验收程序

（5）酒水验收完毕后，验收员根据送货单填写酒水验收日报表（图 5-10），日报表和发票送会计入账。

图5-10　酒水验收日报表

三、酒水的储存管理

（一）酒水库房

酒水验收完毕后，验收员应立即通知酒水管理员，尽快将所有酒水送到酒水库房保管，防止损耗。邮轮酒水库房位于邮轮地下 1～3 层，库房配置标准如下：

（1）有足够的储存空间和活动空间。
（2）具有良好的通风换气条件。
（3）保持环境干燥。
（4）隔绝自然光线，采用人工照明。
（5）避免震荡，以防止酒水丧失原味。
（6）有恒温条件。

（二）酒品堆放

1. 葡萄酒堆放

横置是葡萄酒的主要堆放方式，横放的酒瓶中酒液浸润软木塞，起着隔绝空气的作用。

2. 蒸馏酒堆放

蒸馏酒竖立存放，以便于酒瓶中酒液挥发，达到降低酒精含量、改善酒质风味的目的。

3. 存料卡使用

存料卡便于酒水管理员了解仓库现有库存量，见图5-11。

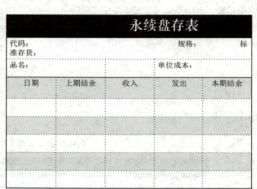

图5-11　存料卡　　　　图5-12　永续盘存表

（三）酒水库存管理

酒水库存管理采用永续盘存表，见图5-12，会计在每次进货或发货时做好记录，收入数据根据验收日报表填写，发出数据根据领货单填入。每月月末，会计在调酒师和酒水管理员协助下，前往酒吧和库房实地盘点，检验盘点数、销售数和库存量是否与永续盘存表中的记录一致。如有差异，酒水部经理应及时查明原因，并采取适当的措施确保一致性。

四、酒水的生产管理

邮轮酒水的生产管理包括配方、用量、酒水品牌、载杯、操作程序和成本标准化管理。

（一）配方的标准化

配方标准化有利于酒品质量的提高，邮轮各个酒吧为顾客提供的酒水在色、香、味和形上应有一致性。标准配方由邮轮酒水总部高级总监和酒水部经理统一制定，不能随意更改，但酒水服务人员有权向酒水部经理反馈客人对酒品配方的意见。

（二）用量的标准化

酒水部经理根据国际调酒师协会的官方鸡尾酒配方，结合邮轮酒吧实际情况对每款酒的服务用量加以规定，并为每个酒吧配备量酒器，在每航次进行倒酒测试，提升调酒师和酒吧服务员倒酒的精准度。

（三）酒水品牌的标准化

按照邮轮酒吧配方标准使用标准品牌的酒水是向客人提供高品质产品的基础。比如长岛冰茶，按照邮轮酒谱使用绝对伏特加、豪帅金特基拉、百加得白朗姆、蓝宝石金酒、维德兰三干橙利口酒进行调制，如果服务时换成了通用品牌酒水，提供给客人的长岛冰茶在香和味上就会发生改变，不符合客人的要求，这是欺诈客人和不诚信经营的行为。

（四）载杯的标准化

鸡尾酒、酒杯和装饰物搭配在一起应该是一件艺术品，所以在服务时使用标准化载杯是向客人统一标准地呈现酒品的必要条件。酒水部经理应根据酒水配方的标准、酒品颜色和特性选择酒杯，保证邮轮各个酒吧酒水服务品质的一致性。

（五）操作程序的标准化

酒水服务是多种艺术的融合，调制过程中应该给客人一种视觉上的享受，调酒师标准化操作程序可以保证服务过程与产品质量的一致性。酒吧员工在邮轮假期过后，重新回到酒吧工作前需进行标准化操作程序的培训，从而保证顾客在邮轮所有酒吧能享受到标准品质的服务。

（六）成本的标准化

通过标准化的配方和用量，就可以计算出酒水的标准成本了。

1. 整瓶酒的标准成本

邮轮酒吧规定皇家礼炮21年苏格兰威士忌每杯标准服务量为1.5盎司（45mL），每瓶皇家礼炮的标准容量为700mL，购进价为49.55美元，每杯皇家礼炮的成本是多少呢？

● 计算方法

一瓶皇家礼炮可服务杯数为 700÷45=15.56，由于酒水服务人员倒酒的精准度和操作的熟练性不同，皇家礼炮在销售过程中损耗是不可避免的，邮轮酒吧按每瓶损耗0.56杯计算，所以每杯皇家礼炮的成本为 49.55÷（15.56−0.56）=3.30美元。

2. 鸡尾酒的标准成本

尼克罗尼鸡尾酒标准配方为30mL添加利金酒、30mL甜味美思、30mL金巴利和1片橙皮，每瓶添加利金酒、甜味美思和金巴利容量均为1000mL，购进价分别为12.18美元、5.56美元和7.56美元，每杯尼克罗尼成本是多少呢？

● 计算方法

（1）30mL 添加利金酒成本为 30×12.18÷1000=0.3654 美元。

（2）30mL 甜味美思成本 30×5.56÷1000=0.1668 美元。

（3）30mL 金巴利成本 30×7.56÷1000=0.2268 美元。

（4）1 片橙皮成本 ≈ 0，香橙肉一般用来榨汁。

（5）每杯尼克罗尼成本 =30mL 添加利金酒成本 +30mL 甜味美思成本 +30mL 金巴利成本 +1 片橙皮成本 =0.3654+0.1668+0.2268+0=0.759 美元。

任务准备

以4人为一个小组，采用调酒师、酒水验收员、酒水管理员和酒水部经理角色扮演的方式，分工协作，营造真实工作情境，以酒水部经理的身份轮流进行酒水采购和生产管理训练。

任务实施

1. 根据邮轮酒吧酒水管理流程和标准制定工作检查表。
2. 对照检查表，依据发现的问题拟定有针对性的酒水管理培训计划。
3. 制作 PPT，运用角色扮演、情景模拟方法对组员进行培训，提高管理能力。
4. 制作五色彩虹鸡尾酒标准酒谱。

任务评价

任务评价主要从仪容仪表、制定工作检查表、拟定培训计划、组织培训、制作标准化酒谱、学习态度几个方面进行评价，详见表 5-21。

表 5-21 "我的梦想在这里——我要成为酒水部经理"任务评价表

项目	M 测量 / J 评判	标准名称或描述	总分 / 分	评分示例	得分 ___组	___组	___组
仪容仪表	M	制服干净整洁，熨烫挺括，合身，符合行业标准	1	Y/N			
	M	鞋子干净且符合行业标准	1	Y/N			
	M	男士修面，胡须修理整齐；女士淡妆，身体部位没有可见标记	1	Y/N			
	M	发型符合职业要求	1	Y/N			
	M	不佩戴过于醒目的饰物	0.5	Y/N			
	M	指甲干净整洁，不涂有色指甲油	0.5	Y/N			
	J	所有工作中站姿、走姿一般，在完成有挑战性的工作任务时仪态较差，1 分；所有工作任务中站姿、走姿良好，表现专业，但是仍有瑕疵，3 分；所有的工作中站姿、走姿优美，表现非常专业，5 分	5	1 3 5			
制定工作检查表	J	使用电脑不熟练，2.5 分；使用电脑熟练程度一般，5 分；使用电脑熟练，7 分	7	2.5 5 7			
	J	表格制作缺乏思路，有的内容缺失和重复，2.5 分；表格制作完整，内容不够丰富，5 分；表格制作精美，内容能表达酒水管理流程和标准，7 分	7	2.5 5 7			
拟定培训计划	J	问题判断错误，解决方法错误，2.5 分；问题判断正确，解决方法错误，5 分；问题判断正确，解决方法正确，7 分	7	2.5 5 7			
	J	酒水调制与服务过程中发现问题的表述不完整，2.5 分；酒水调制与服务过程中发现问题的表述较完整，5 分；酒水调制与服务过程中发现问题的表述完整，7 分	7	2.5 5 7			
	J	培训计划内容不足，不能解决检查中发现的问题，2.5 分；培训计划内容单一，基本能解决检查中发现的问题，5 分；培训计划内容丰富，整理有序，合理，能较好解决检查中发现的问题，7 分	7	2.5 5 7			

续表

项目	M 测量 J 评判	标准名称或描述	总分 /分	评分 示例	得分 ___组	___组	___组
组织培训	J	培训PPT制作缺乏思路，内容有重复，词不达意，领班能基本完成培训工作，2.5分； 培训PPT制作完整，内容不够丰富，领班能顺利完成培训工作，5分； 培训PPT制作精美，内容翔实，图文兼备，领班精神面貌好，思路清晰有条理，7分	7	2.5 5 7			
	J	准备不充分，培训目标不明确，内容空洞，培训讲授正确，不熟练，没有重点，2.5分； 准备充分，培训目标明确，内容一般，培训讲授正确，熟练程度一般，没有重点，5分； 准备充分，培训目标明确，内容充实，培训讲授正确熟练，重点突出，7分	7	2.5 5 7			
	J	不能将理论联系工作实际，培训方式单一，不能激发组员学习兴趣，2.5分； 能将理论联系工作实际，培训方式单一，组员学习兴趣一般，5分； 能将理论联系实际，培训方式灵活多样，能激发组员学习兴趣，7分	7	2.5 5 7			
	J	培训效果不好，组员收获不大，能力和素质都没有提高，2.5分； 培训效果一般，组员收获一般，能力稍有增强，素质稍有提高，5分； 培训效果好，组员收获大，能力得到增强，素质得到提高，7分	7	2.5 5 7			
制作标准化酒谱	J	配方、用量、载杯、酒水品牌、操作程序和成本中任意1~2项标准化，2.5分； 配方、用量、载杯、酒水品牌、操作程序和成本中任意3~4项标准化，5分； 配方、用量、载杯、酒水品牌、操作程序和成本中任意5~6项标准化，7分	7	2.5 5 7			
学习态度	J	学习态度有待加强，被动学习，延时完成学习任务，5分； 学习态度较好，按时完成学习任务，10分； 学习态度认真，方法多样，积极主动，15分	15	5 10 15			
选手用时							

裁判签字：　　　　　　　　　　　　　　　　　　　　　年　　月　　日

任务拓展

一、单杯酒水销售管理

单杯酒水销售是邮轮酒吧中常见的一种销售形式，单杯酒水销售管理采用盎司法进行酒水成本的控制。

1. 计算实际酒水消耗盎司量

实际酒水消耗盎司量 = 营业前库存量 − 营业后库存量

2. 计算理论酒水销售盎司量

根据酒吧酒水销售日报表销售份数,计算理论酒水销售盎司量:

理论酒水销售盎司量 = 份数 × 45mL(邮轮酒吧每份酒标准计量)

3. 验证差异

验证实际酒水消耗盎司量和理论酒水销售盎司量是否相符,损耗是否在允许的范围内,如有出入应及时检查、纠正,堵塞漏洞,减少损失。

二、整瓶酒水销售管理

整瓶酒水销售是指酒水以瓶为单位进行销售。邮轮酒吧严格遵守安全酒水服务法,只有啤酒、葡萄酒和香槟等低度酒以整瓶销售。整瓶酒水销售采用整瓶酒水销售日报表(图5-13),进行酒水成本的控制。

整瓶酒水销售日报表					
酒吧:		班次:		日期:	
编号	品种	规格	数量	售价	成本	备注
调酒师:				酒水部经理:		

图5-13 整瓶酒水销售日报表

鸡尾酒销售日报表				
酒吧:	班次:		日期:	
品种	数量	单价	成本	备注
调酒师:			酒水部经理:	

图5-14 鸡尾酒销售日报表

三、鸡尾酒销售管理

邮轮酒吧鸡尾酒在酒水销售中占有较大比例,涉及的酒水品种繁多,因此销售管理的难度也较大。酒水部经理依据标准酒谱采用鸡尾酒销售日报表(图5-14),进行酒水成本的控制。

1. 计算方法

酒水的消耗量＝标准酒谱中酒水配方用量 × 销售数量。

2. 验证差异

调酒师将鸡尾酒销售日报表中添加利金酒、甜味美思和金巴利的数量，与酒水盘存表消耗数量进行对比，看是否相符，损耗是否在允许的范围内。如有出入应及时检查、纠正，将浪费控制在最低点。

思考题

一、单项选择题

1. 酒水部经理是邮轮酒吧部的负责人，主要职责是酒吧（　　），尽可能降低酒吧的运营成本。

A. 现场管理　　　B. 人员管理　　　C. 酒水管理　　　D. 安全和卫生管理

2. 邮轮酒吧波旁威士忌 750mL 最低库存量是 1，标准库存量是 3，最高库存量是 4，盘点数是 1.3，采购数量是（　　）。

A.1　　　　　　B.2　　　　　　C.3　　　　　　D.0

3. 邮轮酒吧酒水储存管理要求，蒸馏酒（　　）存放，以便于酒瓶中酒液挥发，达到降低酒精含量、改善酒质风味的目的。

A. 横立　　　　　B. 竖立　　　　　C. 斜立　　　　　D. 倒立

4. 邮轮酒吧每份酒标准计量是（　　）。

A.2oz　　　　　B.1oz　　　　　C.1 ½oz　　　　　D.1¾oz

二、多项选择题

1. 酒吧最低库存量又称订货点，等于"每日酒水用量 × 发货天数"，酒吧盘点数（INV）（　　）最低库存量时，表示需要采购酒水。

A. 接近　　　　　B. 大于　　　　　C. 达到　　　　　D. 小于

2. 邮轮酒水生产管理包括（　　）、操作程序和成本标准化管理。

A. 配方　　　　　B. 用量　　　　　C. 载杯　　　　　D. 酒水品牌

3. 邮轮酒吧烈性酒的销售形式有（　　）。

A. 单杯销售　　　B. 整瓶销售　　　C. 鸡尾酒销售　　　D. 整箱销售

三、简答题

1. 简述酒吧酒水采购流程。
2. 简述酒水的验收程序。
3. 五色彩虹鸡尾酒标准配方为 5.6mL 红石榴糖浆、5.6mL 法国葫芦绿薄荷酒、5.6mL 波士樱桃白地、5.6mL 君度利口酒和 5.6mL 大将军白兰地，每瓶红石榴糖浆、波士樱桃白兰地规格均为 750mL，每瓶法国葫芦绿薄荷酒、君度利口酒和大将军白兰地均为 1000mL，购进价分别为 3.68 美元、4.88 美元、12.88 美元、11.42 美元和 7.56 美元，试求每杯五色彩虹鸡尾酒的成本。

附录　部分鸡尾酒邮轮酒谱

阿佩罗菲兹

杯具：古典杯

调制方法：注入法

装饰物：橙角和鸡尾酒橄榄

配方：45毫升阿佩罗、45毫升干白葡萄酒、90毫升巴黎或圣培露矿泉水

调制过程：将所有原料注入加满冰块的古典杯中，轻轻搅拌，用橙角和鸡尾酒橄榄装饰

苹果马天尼

杯具：马天尼杯

调制方法：摇和滤冰法

装饰物：红樱桃

配方：45毫升绝对伏特加、45毫升迪凯堡酸苹果利口酒

调制过程：将原料按照配方放入摇酒壶中，加冰摇匀后，滤入马天尼杯中，用红樱桃装饰

贝利尼

杯具：笛形香槟杯

调制方法：注入法

装饰物：无

配方：30毫升岛屿绿洲桃子特调汁、120毫升香桐酒庄起泡酒

调制过程：30毫升岛屿绿洲桃子特调汁倒入笛形香槟杯底，注入120毫升冰镇香桐酒庄起泡酒

附录 部分鸡尾酒邮轮酒谱

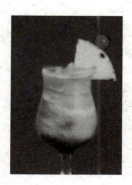

蓝色夏威夷

杯具：波可杯

调制方法：搅拌法

装饰物：菠萝旗

配方：30 毫升朗姆酒、30 毫升蓝柑橙利口酒、90 毫升岛屿绿洲椰林飘香特调汁、30 毫升菠萝汁

调制过程：按照配方将原料注入搅拌杯中，加冰搅拌均匀后，倒入波可杯，用菠萝旗装饰

卡琵莉亚

杯具：古典杯

调制方法：捣和法、注入法

装饰物：无

配方：60 毫升雷伯龙甘蔗酒、2 茶匙砂糖、4 个青柠檬角

调制过程：将 4 个青柠檬角和 2 茶匙砂糖放入古典杯中，轻轻捣和后，杯中加满冰块并注入 60 毫升雷伯龙甘蔗酒，轻轻搅和均匀

香槟鸡尾酒

杯具：笛形香槟杯

调制方法：注入法

装饰物：柠檬皮卷曲条

配方：90 毫升冰镇香槟、10 毫升干邑白兰地、2 滴安格斯苦精、1 块方糖

调制过程：将 1 块方糖和 2 滴安格斯苦精放入笛形香槟杯中，加入 10 毫升干邑白兰地后，再注入 90 毫升冰镇香槟，用柠檬皮卷曲条挂杯装饰

冰冻泥石流

杯具：波可杯

调制方法：搅拌法

装饰物：巧克力漩涡

配方：15 毫升绝对伏特加、22.5 毫升百利甜酒、22.5 毫升甘露咖啡甜酒、120 毫升岛屿绿洲冰激凌特调汁

调制过程：按照配方将原料注入搅拌杯中，加冰搅拌均匀后，倒入有巧克力漩涡的波可杯中

参考文献

[1] 王勇. 酒水知识与调酒. 3版. 武汉：华中科技大学出版社，2023.

[2] 徐利国. 调酒知识与酒吧服务实训教程. 2版. 北京：高等教育出版社，2020.

[3] 殷开明. 酒水调制与酒吧管理. 3版. 桂林：广西师范大学出版社，2021.